火神咆哮
——火器兵

李楠 / 著

文匯出版社

序　言

在古代战争中,士兵们使用的武器包括两种,即冷兵器与热兵器。冷兵器即刀枪、弓箭等,用它们装备的军队即古代战争中最经典的步兵、弓兵和骑兵部队。而热兵器即为早期的枪炮,它们装备起来的军队称为火器兵。根据兵器发展史,火器兵是古代战争中最后出现的兵种。不过,他们甫一出现便带来了令人胆寒的力量,它们所使用的火器的强大杀伤力与摧毁力令敌人震惊。战争,从纯粹比试武力和战斗力的战争变成谁拥有更先进的火器,胜利的天平就更倾向那一边。因此说,火器兵的大量出现昭示着冷兵器时代的最后一抹斜阳即将逝去。

与传统的刀枪、弓箭相比,火器最大的特点就是训练成本低。火器只要经过简单的说明,男女老少都可以操作(当然不包括儿童),再也不依赖强健的体魄和长期的训练。在中世纪战争中,远距离进攻的最大限度是弓箭所创造的,如单兵作战的英国长弓可以射 300 余米,有效射程 100 余米;游牧民族的弓骑兵能射 500—600 米,有效射程 100 余米;三四个人一起射的宋代床弩射程 1 600 余米,有效射程 300 余米。但是,火器却突破了这一极限,从最开始的射程 300 米,有效射程 200 米,一直发展到射程 2 000 米以上,有效射程 1 000 米。而且,很多火器是可以直射的,再不用像弓箭一样向天抛射,从而大大增加了射击的精度和准度。

在消除了力量和体格的限制后,几乎每个人都能参加战斗,战斗的形式和规模也开始升级了。在13—14世纪蒙古西征后,整个旧大陆都开始仿制并升级火器,战争的规模也从最初的几千人发展到几十万人,各国都形成了一种步兵靠前,弓兵居中,骑兵与火器兵殿后的阵型。17世纪后,炮兵独立出来,同时步兵也开始使用管型火器或者是枪支,从而造成火器兵与步兵逐渐不分你我,最后在18—19世纪形成火器兵＝步兵的情形。

1945年,美国的原子弹在日本终结了火器时代,核武时代终于来临。不过,在世界各地的局部战争中,仍然到处都能看到它们的身影,枪支、手榴弹、地雷等仍旧在今天的各个战场展示它们的无穷力量。

目 录

序言 / 001

第一章　中国宋元火器兵 / 001
武器与装备 / 003
军队的构成 / 005
战例与战术 / 008

第二章　奥斯曼土耳其帝国火器兵 / 012
武器与装备 / 014
军队的构成 / 017
战例与战术 / 021

第三章　哈布斯堡王朝火器兵 / 032
武器与装备 / 034
军队的构成 / 037
战例与战术 / 040

第四章　西班牙帝国火器兵 / 049

武器与装备 / 051

军队的构成 / 052

战例与战术 / 056

第五章　日本战国火器兵 / 062

武器与装备 / 064

军队的构成 / 065

战例与战术 / 067

第六章　中国明代火器兵 / 071

武器与装备 / 073

军队的构成 / 076

战例与战术 / 078

第七章　英帝国火器兵 / 087

武器与装备 / 088

军队的构成 / 093

战例与战术 / 095

第八章　法兰西帝国与拿破仑帝国火器兵 / 110

武器与装备 / 112

军队的构成 / 115

战例与战术 / 116

第九章　普鲁士王国火器兵 / 127

武器与装备 / 129

军队的构成 / 131

战例与战术 / 135

第十章　瑞典王国火器兵 / 141

武器与装备 / 142

军队的构成 / 144

战例与战术 / 146

第十一章　俄罗斯帝国火器兵 / 154

武器与装备 / 155

军队的构成 / 159

战例与战术 / 162

第十二章　美国独立战争火器兵 / 171

武器与装备 / 172

军队的构成 / 174

战例与战术 / 175

参考书 / 183

第一章　中国宋元火器兵

宋代,是火器兵的始发轫时代。火药武器在经历了唐末的发明与实战演练后,在宋代达到了火器发展的第一个高峰。因为当时的人们发现了火器的重要性,便开始逐步制造和改革新式火器,制造出诸如火箭、火炮等武器,相应地,火器兵也就在此时出现了。尽管当时占据统治地位的仍旧是冷兵器,即刀、枪与弓箭为主,但宋代的一些地方割据势力却捷足先登,他们在连年的战争中看到了火器兵的超强战斗力以及远超过其他武器的杀伤性,便将制造和使用火器放到议事日程之上。最开始的时候,他们将火器兵与其他军队混合编队,之后开始单独编队,并使之成为一支不可小视的力量。不过,在欧洲有的人认为宋元时期的火器兵并不是真正的火器兵,他们与现代的火器武器不是一脉相承的,因此应该仅仅属于一种远程武器而已,而真正的现代火器武器的始祖应该是培根(Francis Bacon,1561—1626)的著作中提到的武器。不过,根据最近从地下挖掘出的宋元时代铁制火器样本,人们发现实际上现代的火器发展是经历了中国宋元——阿拉伯——西班牙——近代火器的发展。所以,宋元的火器绝对是现代火器的真正始祖。

宋仁宗时期,中国人独立编纂出了世界上第一本关于火器的著作——《武经总要》。在这部书中,关于火器的部分主要记载了两种初级火器,当时它们分别被命名为火球和火药箭。您可千万别小看了这两种东西,其实它们就是现代火器武器的雏形或者说就是两个分支。其中火球后来发展成火炮,火药箭则发展成为枪支。不过,在《武经总要》编纂的年代,这两种武器仅限于试制和研究阶段,投入战场的也只仅仅只有几次战争而已,不过就是这几次的火器崭露头角,使其超越步兵与骑兵的威力渐渐被人们所得知。

宋朝时中国的南北方处于分裂之中,宋、辽、金以及西夏一直在进行着连年的战争。在战斗中,几国互相俘虏对方的武器制造人员,最终促使火器的制造技术被共享。为了在日后的战争中取得主动权,它们纷纷研制各种新型火器,使这两种火器逐渐发展成为更细致、更精准的武器。宋、金在12世纪时先后制造出了火枪,甫一使用便大大提高了单兵种作战的战斗力和威慑力。不过因为当时的火器处于初级阶段,并没有今天枪支的各种精细构造,所以一般很难控制好,即使是经过训练的人员仍旧如此。在实际操作中,往往会造成射出的火焰呈霰弹型分布,有时反而并不如弓箭更好用。不过,如果您有兴趣再看看这些武器的活化石的话,可以到中国西南云贵地区去找其改良种枪支,据说当地人狩猎仍旧在使用这样的散弹枪,而且狩猎效果也是相当不错的。

元代以后,火器兵得到了极大的发展,发明了火铳等武器,火器兵的战斗力远比宋代要强得多。在蒙古人建国之初,成吉思汗南下和拔都西征时,他们惊奇地发现自己的骑兵和弓兵对于中原地区和欧洲的城墙、城堡完全不起作用,而如果想继续推进就必须有强力的兵器支援。在中国的战争中,蒙古军队第一次接触到强大的火器武器,并发现只有用火器才能克敌制胜,将这些"拦路虎"们一举铲除。因此,城池的攻坚战便成了蒙古人必须越过的一道坎儿。

蒙古人在刚建国不久的成吉思汗时期,就组建了一支砲手军。该军队的主要武器是使用石砲与火炮对敌方造成伤害。在当时,石砲使用要比火炮更加频繁。主要原因是石头到处都有,比较好找,而火药的配置则必须要经过很多程序,并且危险性极大,所以火炮在很长一段时间内都不被人们所看好。有了这种强大的武器后,蒙古军队开始了举世闻名的西征。在西征的过程中,新发明的火铳助了他们一臂之力。蒙古军队在西征时改掉了完全由骑兵一统天下的局面,而是将铁甲军与火器兵混排,在战斗过程中让火器兵与铁甲军同时进攻。这样他们便可以在浓烟中突然进攻,打敌方一个措手不及。在西方当时的著作中,经常说蒙古人的军队就如同从天而降、在云雾中显现的天兵或神仙一样,一下子就将敌人打得再也无法翻身。而这一举措也确实加强了对敌兵的威慑力,同时也占据战争的主动性。

在西征过程中,蒙古人遇到当时同样对火器有所耳闻的阿拉伯人。当时,阿拉伯人看到蒙古人的火器兵携带的武器发出的火恰好与他们折戟君士坦丁堡城墙外的"希腊火"很近似,便以讹传讹地称蒙古人的火器为"希腊火"的陆战版。而再往西方到达还没有发明火器的欧洲世界,蒙古军队手持的武器能发火这一点就像妖术一样。所以在这一时期欧洲的书中还经常可以看到说,蒙古军队的火器兵们可以操纵火龙进攻,是一些妖人,这些人神出鬼没,根本不是人类可以打败的。实际主要目的是,以此粉饰他们自己的失败不是军队的问题,而是对方的魔法师使用妖术的原因。

正如前面所提到的,元代的火器要远远比宋代先进。他们利用在攻打金国时俘获的工匠,发展并创造出元代最著名的武器——火铳,这种武器在战争中所向披靡,可以说是世界上最先进的火器武器。可是,最令人大跌眼镜的是,在元末农民起义中,元军恰恰也是败在使用火器的起义军之下。也许这正应了那句话:"无数伟大的贵族、事物和政府,无数尊贵的酋长,无数勇敢的民族,无数高傲的王子,无数辉煌的强权,都转瞬即逝,终究归于尘土。"

不过,因为蒙古人的西征,却开启了一个新的时代。阿拉伯人和欧洲人从蒙古人那里学会了这项技术,逐渐开始制造自己的武器。尽管他们仅仅处于学步阶段,但却向世界宣告了:冷兵器时代即将结束,火器的时代已经来临。

武 器 与 装 备

宋代的火器种类很多,一部分来源于各类书籍的记载,而另一部分则是来源于挖掘出的真实武器。在当时,可以说火器一经发明,便开始花样不断翻新,制造更是突飞猛进。

宋代火器承接于唐末的火器。宋朝初期的火器分为两种，分别为火球与火药箭。在宋初编纂的《武经总要》中记载着宋代军队常用的火球有 8 种，即火球、引火球、蒺藜火球、霹雳火球、烟球、毒药烟球、铁嘴火鹞与毒火鹞。火药箭有 2 种，即弓弩火药箭与火药鞭箭。

各种火球即宋元时代俗称的火砲，原因就是有石头混杂在其中，因此叫火砲而不叫火炮。这 8 种火球构造前 6 种为球身，后两种火鹞为鹞身外，其他构造基本相似。即将一些可燃性物质如竹茹、桐油、黄蜡、沥青等，用火药点燃，然后利用抛石机抛向对方军阵的武器。不过，抛射这种武器之前，要先使用一种叫引火球的火器测量距离。引火球与火球外观基本相同，但内部填充的不是火药和可燃性物质，而是碎石块，而且有一根麻绳从中穿过，一端留截；另一端挂圆形扣，以便于携带使用。

两种火药箭都是来自早期的弓弩箭的改造。其中，弓弩火药箭并未脱离原先的弓弩点火射击，只是在原先射击的基础上加上了一个或两个点燃了的火药包，用弓箭的射程确定火药量。火药鞭箭则是在箭的头部系上长绳，缠绕在箭头周围，点燃后射出的火药箭。

从上面的叙述里可以看出，北宋时期的火药箭尚未脱离弓箭的形制，只能算弓箭的附属品而已，所以此时的火器还不算是真正的独立武器。不过到了 150 年后的南宋时期，火药箭却发生了一次大的变革，即出现了管型火器的制造。

管形火器是南宋时期开始制成的。最早是陈规在战争中创制了单兵使用的长竹竿火枪，他用这种武器组织出了早期的官军火枪队。这支火枪队在首次战斗中即告捷，奠定了火枪在后来战争中的重要地位。金国在南宋武器快速提升的同时，仿造他们的长竹竿火枪制造出了飞火枪，该武器也是单兵使用。尽管在与南宋的战争中没起到什么作用，但飞火枪在后来金与蒙古战争中曾大显身手，多次将蒙古军队击退。随后的蒙古军队的威胁下，南宋又制造了新式武器——突火枪。该武器首次将散装火药变成弹丸，可以直线击杀敌兵，是为最早的子弹。

元代继承南宋的火器技术，造出了世界著名的管型火器——火铳。

在元代以前，不管是飞火枪还是突火枪，士兵们使用的都是竹管枪械。竹管的最大问题就是经过多次燃烧，竹管会出现烧毁或爆裂的情形。而到了元代，竹管被铁制管器所替代，并在后面安上了手托枪把。同时，扳机和引线出现，单兵作战时可以根据实际情况进行射击，灵活性大大增强。这样做的结果使单兵作战更加简单，再不用像以前一样，必须火药填充完毕，还要对准敌人才能发射。另外，元代火铳还有个最大的优点，就是可以大批量生产规制完全相同的武器，再不用因为竹管大小粗细不一，而无法整齐划一了。

此后，元代统治者大量制造各种型号的火铳，在战争中使用。如与阿拉伯的战争期间以及几次诸蒙古王公反叛时期，火铳被元朝军队多次使用，并获得了不俗的战绩。

到元代末期，经过多年战争的经验汇聚，火铳的射速越来越快，准确度也越来越高。火铳被单独编队，并在元末正规军与农民起义军中大量使用。特别是人们出于对火铳敬畏而编写的诗词也渐渐多了起来，由此可见火器兵在战争中的地位正在逐步攀升。

军队的构成

宋元时期是世界火器制造的初始时期，火器兵尽管已经出现，但基本都是从属于其他部队，最常见的是隶属于弓兵部队，所以并未单独被编制出来。而且在冷兵器时代，火器很多时候反而不如弓箭来得好，所以往往处于临时组建，战斗完就取消的情况。如果非要说出当时有哪些火器兵的话，我们只能说宋代，只有抛石机部队和火枪部队是当时仅有的火器兵组队。可是，即使是这样，这些部队也经常处于一种时建时散的情况，仅有部分地方私人武装愿意将部队长期保留。而到了元代，终于出现了世界上最早的单独火器兵编队。其中最值得我们一提的包括蒙古时期的砲手军与元末的火铳部队。

首先我们说说抛石机部队。在宋代，抛石机经常作为火器的最佳载体，而抛石机手也便成了最早的火器兵。两宋时期，并未继承唐代的军事习惯,军队更习惯于使用阵法。比如著名的雁阵、锥阵、疏阵、钩阵、火阵、水阵等,特别像宋初的十面万全阵,动辄十多万人,虽然可以说是面面俱到,但使机动性却比以前大大下降。在阵法中,抛石机部队作为单独的火器兵,经常被布置在最后面的位置。一般来说,在宋辽和宋西夏战争中,抛石机部队都是从其他部队临时抽调的,当时基本是每个抛石机配备3~4人为一组,两人管搬石头、点火;另外的人管拽绳索。他们点火的方式并不是我们在电视电影中经常见到的拿一个火把一点就行,而是用烙锥烙透后再抛出,这样费时费事,而且准确率相当低。

这些人的装备也都比较简单,他们并没有盔甲护身,而且基本不带武器,因此更像是一群刚从农村征兵出来的散兵游勇。但他们一定要保持着绝对的战斗力,这些士兵抛出的点火和没点火的石头,因命中率和打击力度往往不佳,所以只是对对方有一定的恐吓作用而已,且冷兵器时代的城墙一般都比较厚重,就算架起成百上千抛石机,想攻破城墙也很费力。就如同金兵攻打襄阳的时候,上千抛石机一起攻打,可是最后在宋军更强大的管式火器下还是被打得七零八落。

不过到了元统一之时,烙锥烙石的方法被南宋军队所改变,他们改变为用炽炭点火,然后用抛石机或者直接用手炮投出。一方面节省了时间,另一方面也节省了人力。一般来说,一台抛石机两名士兵就足以运作了。比如在蒙古军队在1276年进攻南宋静江之时,便利用俘虏来的工匠制作如此的武器,在三个月的攻坚战中,取得了决定性胜利。此后,元军更是每战必用抛石机与火器兵,结果取得了一次又一次的胜利。

与此同时,元代还出现了砲手军。1219年砲手军建立,此军队即抛石机部队的升级版。这里用的是砲而不是炮,因为当时主要的砲都是扔石头的。"砲"这个字本身意义为投石车。投石车是一种在公元前5世纪就出现的武器,它可以射石弹抛。比如在宋元著名的钓鱼城会战中,砲兵就在史籍中多次出现。不过根据历史记载,我们还是可以发现,那时宋军和蒙古军除了石头的砲以外,还有火炮。也就是说,那时火炮已经开始运用到实际战斗之中了。关于火炮的记载,其实更多出现在与阿拉伯人的战斗之中。因为阿拉伯世界沙漠较多,劫掠者也相应地增多,所以城池一般也比较坚固。但如此坚固的城池却仅在几小时内就被强力火炮所攻破,其震撼力足以增强整个世界对于蒙古人的害怕之感。

可是在元末农民大起义中,农民起义军也开始使用了这种砲手军,并结合火枪一起使用,打下了大元江山。

之后,我们再来说一下宋元时期的火枪兵。已知最早的火枪兵是隶属于弓箭兵的。因为早期的火枪并不是枪管式,而是弓箭式。而到了南宋时期,火枪兵已经可以近似认为是使用管型火器的军队,他们最早出现于北宋末至南宋初。那时正处于宋金交战时期,陈规杂糅火箭与火炮的原理,制造了世界上最早的竹筒型火器,取名为竹火枪。这种竹火枪一般需要三人一起合作,一人持枪、一人点火、一人辅助,枪内填充火炮用火药,打出呈散状,可以大面积打击敌军。当时编队为9∶1,即军队九人里有一个火枪兵。他们处于枪兵、刀兵、棍兵之后,一般属于殿后的队伍。

金朝可以说是一个完全汉化的朝代,几乎继承并发扬了所有宋人的典章制度与军事政治习惯。他们学习了南宋的火枪,制造出了自己的火枪——飞火枪。飞火枪属于两用兵器,一方面可以用大头放出火药,击杀在一丈以内的所有敌人,另一方面可以用呈枪状的小头作为长枪使用,刺杀敌人。金朝的飞火枪是单兵种使用武器,一般可以不用再与其他军队混合编队,直接独立出来也可以达到相当好的效果。如在金蒙战争中,金兵火枪兵多次打败蒙古军队。

蒙古灭掉金朝和大理后,在13世纪中叶形成了对南宋的合围之势,他们多次带兵南下进攻,可是却打得非常艰难。一个是因为蒙古军队重视骑兵,并不利于水域众多的地方作战;另一个是南宋军队掌握了更先进的火枪制造技术,一次次地革新,让蒙古军队来不及仿制。在此期间,子弹被南宋军队发明出来,并用在著名的突火枪上。突火枪是南宋军队发明的一种强力单兵武器,每个火器兵只需要携带一支,并携带大量火药弹丸即可。这火药弹丸就是世界上最早的子弹,因为便于学习并携带使用方便被南宋军队大量使用,迅速取代了竹火枪。这种火枪部队一般400~500人编队,可以合作或者独立作战。在襄阳之战、静江之战时都曾经使用过,取得了部分效果,但终究因为蒙古军队过于强大以及内部宫廷问题严重,还是没有保住南宋的江山。

元代,火铳准确说是手铳被发明出来,火器兵的发展也进入了一个新阶段。火铳具有金属枪杆、枪把和子弹填装,对于现代枪支来说,除了瞄准器和扳机外,其他部件都已具备。火铳一般分为四部分,分别是铳把、药室、铳膛和子弹。这种武器只要一个人就能灵活控制,而且针对性较强。元忽必烈至元二十四年(1287年),火铳兵成为单独部队,被载入史册中。之后,在至少10次元代大型战役中出现过火铳兵的身影。

后来,随着蒙古人的西征,火铳被带到阿拉伯世界和欧洲,而火铳也就成了近现代火器的标准形制,至今改变的只有瞄准器和子弹制造,而火铳的造型却一直流传至今。

战 例 与 战 术

正如前面所说,火器兵在宋元时期的兵种上并没有突出位置,一直以来都是从属于弓箭兵部队的。而且在中国的战争中,除了元代的几次大型战役中,很少有火器兵单独编队的。即使是零星编队,也是以城市的攻防为主要作战方式,因此上宋元时代对于火器兵的记载较少,所以我们只能根据战役来推断当时火器兵的大致情况。

虽然在北宋初年,火器已经开始投入战争使用,但是仅仅用于不成规模的战争或者地方武装战斗中。不过在北宋末到南宋初的这一段时间,火器兵还是大展身手了一把。那是在公元1126—1127年的两次汴梁保卫战(也称李纲保卫战)中的事情。

1125年,金灭辽后,军队便迅速南下,准备进攻北宋。不久于北宋靖康元年(1126年)正月,金兵临北宋都城汴梁城下。当时的政府官员有的主战有的主和,不过徽宗还是认为应该一战,便在围城之时起用李纲作为汴梁的主帅。李纲奉命进行守卫,并屡出奇招,让金兵暂时不敢进攻。另外,他还于当年二月初,告诉士兵可以给以恩惠,即要求士兵杀死金兵就能得到相应的奖赏。

为了万无一失,他还指挥军队在城内放置了床弩与火砲,并使用火箭与竹火枪对进攻的金兵进行专人攻击。每当金兵进攻城池时,城墙上便会扔下火球和其他燃烧着的东西。在多次进攻失败后,金兵发现没有占到任何便宜,就暂时停止了进攻,不过仍旧在汴梁城周团团围着。

虽然金兵被击退,但是金兵仗着人数多仍旧对北宋都城汴梁进行围城,以困死北宋君臣。作为统帅李纲可不能也不愿意被长时间围困,所以他出了一个妙招:在北宋时期,竹火枪已经被发明出来,单兵种作战已经从北宋初的不可能变为可能。所以李纲便希望能带领一队火枪兵,偷袭金兵的大本营,同时宋军从城内发出火砲接应。在夜间,李纲带领一批轻装士兵趁着夜色偷袭了正在熟睡中的金兵,他们使用霹雳炮和竹火枪,专拣金兵重要的粮草集结地和军帐烧毁。金兵一时大乱,因为辎重已被焚烧,已经无法围困,也使金兵再没能力去进攻汴梁城,金兵便与北宋朝廷签订了协议,得到了一些赔款走了。

在战斗之中,金兵统帅对于北宋军队的火器印象十分深刻,便在退走时带走了大量的火器制造工人。他们依据北宋军队的火器照葫芦画瓢,制造出了与北宋军队几乎一模一样的火器。同时,还操练了一批火器兵,进攻攻城时使用。之后,在进攻怀州的时候,金军除了使用鹅车洞子、火梯、撞杆等,还首次使用火箭、霹雳炮等。虽然北宋军队也使用几乎相同的武器,但因为人数较少,且缺乏支援失败,怀州也成为金兵南侵的一座桥头堡。

陆地战

靖康元年闰十一月初(1126年12月),金兵第二次围攻汴梁城。这回金兵主攻汴梁城最薄弱的东城门。金兵在攻打时,启用了新制造的火炮、火药箭和抛石机,特别是可以抛射火石的抛石机,金兵足足造了上千个。像这样大规模的攻城战,在300年之后的奥斯曼军队进攻君士坦丁堡也曾有过。

这次攻城战中,金兵也吸取了前面几次与宋军战争中积累的经验,以其人之道还治其人之身。宋军在战斗中,上用火箭和各类火器防御,下用浓烟等封锁金兵挖出的地道,从上下两方面有针对性地让金兵无法进攻。其实如果长时间使用这种方法,等待其他地方救援的话,也许能将汴梁城保卫下来。但北宋君臣偏爱巫术,不愿意听从主战派们如统制姚志勇等人的意见,用火器的优势对金兵进行突然袭击。这一来,反倒给了金兵以喘息之机。金兵在宋兵暂停攻打之际,构造了高台,利用高空优势,将抛石机和火箭随时发出,令宋军无法在城头进行还击。

之后,在宣化门战斗中,金军使用新制造的火箭和竹火枪,对宋军进行毁灭性的打击。宋军守城不利,同时又接受了一个叫郭京的巫者建议,用六丁六甲退金兵。可是谁都知道,这是不可能成功的。靖康元年闰十一月二十五日(1127年1月9日),金兵攻破北宋都城汴梁,北宋灭亡。

在这场一年左右的战争中,金兵学习并发扬了宋军的火器优势,第一次制造并使用了火器,同时还拥有了自己的火器部队。这些都让金兵在未来的战斗中如虎添翼,一步步地将宋朝领土征服。

此后在元代,火器兵在近10次大型战役中都初露头角,逐渐成为一支独立的部队,并被元朝统治者所看重。如忽必烈平定西道宗王之战、徐达进攻平江之战等,火器兵都曾立下汗马功劳。

不过,最著名的火器战争发生在元末至正二十三年(1363年)至二十六年(1366年),此时火器兵已经成为一个独立兵种被元统治者所使用。不过,一场改朝换代的战争在中国大地上打响。

水战

元末,各地农民起义军开始互相攻打,以夺得整个中国的领导权,其中最强的两方是占据江苏浙江的朱元璋和占据安徽江西的陈友谅。

元至正二十三年(1363)七月,朱元璋率领20万兵马到达鄱阳湖,与有60万兵马的陈友谅进行大决战。

决战在鄱阳湖进行,陈友谅仗其资本雄厚,率领20艘大型战船,在鄱阳湖面排开阵势,朱元璋则仅拥有一些小船。经过具体分析,朱元璋认为陈友谅的军队摊得过大,很难实施有效的进攻,因此只要用自己灵活的船只,对其进行火力冲击即可。所以他将自己的战船分为20队,各自携带火炮、火铳、火箭、火蒺藜和火枪等,可以说几乎每人都有一件火器武器,到时一起发射并投掷火器。

开战后,陈友谅的战船即发起进攻,但因笨重不好转向,反而给了朱元璋以便利。朱元璋当即命令他的战船在同一时间对陈友谅的战船进行火器攻击。首先,朱元璋的军队对陈友谅战船进行远距离轰击,即用火炮长距离轰击,以减小陈友谅战船的机动力和战斗力。当陈友谅战船开始混乱时,朱元璋的战船逐渐接近,他们又使用火箭和火铳,对陈友谅战船上的军队进行轰击,继续降低其战斗力。最后,在战船并排行驶时,抛出套索与舢板,进行肉搏。此时陈友谅战船如入火海,20余艘战船被焚毁。陈友谅本人也逃亡了。后来在八月初八在九江口中箭而死。

因为这几次的战斗,当时身为吴国公的朱元璋体会到了火器的重要性。所以到明朝时, 种专业的火器兵部队——神机营横空出世。关于神机营的事情,我们在后面的章节中将会讲到。

第二章　奥斯曼土耳其帝国火器兵

翻开世界地图，您如果稍加注意的话，一定会发现在中亚和西亚有两个国名近似的国家，他的名字一个叫土库曼，一个叫土耳其。不要认为这只是偶然，其实这两个民族还有渊源呢，他们都是突厥人的后裔。在突厥语中，土库曼的意思是"高贵的突厥人"，而土耳其的意思就是"突厥人的地区"。土库曼是留在原地的突厥人，土耳其则是远遁他方的突厥人。突厥民族，是一个曾经在中国北方大地和中亚草原上称雄一时的大帝国，6—8世纪是他们的鼎盛时期，后来帝国为唐朝所灭，一部分留下，另一部分远遁西方。

他们留下来的后裔部分，在今日的土库曼斯坦附近与原本的当地民族融合成为土库曼人。西迁的部分，后裔则从咸海一直散落到地中海，在阿拉伯世界的中东和近东地区，他们一连在那里建立起了数十个小国，其中有14个国家在世界历史上都十分著名。其实这些地区基本都从属于阿拉伯帝国，但当突厥人西迁时，阿拉伯帝国已经开始分裂，各自由各自的苏丹、可汗、国王所统治。突厥人的到来，基本就等于对垂死的阿拉伯帝国的最后一击。从历史上可以看出，阿拉伯人实际在蒙古人还未打来之时已经受到了中亚来的强悍突厥人的攻袭，而这些突厥人被称为塞尔柱人。他们原先是一些奴隶与武士，是作为各阿拉伯国家的雇佣兵进入阿拉伯世界的。后来，这些突厥武士逐渐占据了阿拉伯帝国的显赫位置，手中又具有军权，所以在11世纪时一举从内部将各阿拉伯国家一一征服。13世纪初的蒙古人西征，又将阿拉伯世界和东欧打了个四分五裂。原本统治此地的诸国的土地纷纷被蒙古人纳入囊中。在这个基础上,一批批定居在中亚和中东地区的突厥人慌忙西逃到地中海东岸,造成一批新的小国出现。其中最著名的便是奥斯曼帝国。奥斯曼帝国其实按音译应被称作奥托曼帝国,但因为建立者名为奥斯曼一世,所以人们习惯于称其为奥斯曼帝国。

不过,奥斯曼人为了美化自己,还是制造了一个伟大的来历。即他们原本是土库曼卡伊部落首领苏莱曼·沙赫及其亲随的后代,他们原本统治着伊朗东部地区,但因为13世纪蒙古人的西侵,他们一起逃跑到小亚。不过在逃跑途中,苏莱曼因偶然的事件淹死。一个儿子带领部分部落人员回到原地去为蒙古人效力,而另一个儿子则向西成为罗姆苏丹国的附庸。到其孙子奥斯曼即位之时,奥斯曼帝国被建立起来。

奥斯曼帝国是世界历史上最后一个地跨欧亚非三洲的大帝国。从1300年(一说1299年)建立起的200年间,奥斯曼帝国的苏丹们一直秉承着对外扩张的政策,无论是欧洲还是阿拉伯世界几乎都曾受到过它的威胁。1326年,布尔萨被占领,拜占庭帝国在亚洲的最后大城市成为奥斯曼帝国的首都,使拜占庭帝国的力量彻底从亚洲消失。

在欧洲奥斯曼帝国侧重于武力威胁和宗教战争。欧洲人为了延缓奥斯曼帝国的扩张,教皇和各国国王都联合派遣了多次十字军以抵抗奥斯曼人对欧洲的进攻,这其中包括著名的尼科堡十字军、瓦尔纳十字军、科索沃十字军等,但最后结果几乎都以欧洲人的失败告终。特别是1453年奥斯曼帝国灭亡了拜占庭帝国,占领了曾屹立千年的古都君士坦丁堡,更是让整个西方世界受到了严重的威胁。在这场战争中,奥斯曼帝国在冷兵器的基础上加上了热兵器,他们首次使用了火枪兵与巨炮兵的组合战术。这在客观上引起了火器向欧洲的西传,使欧洲人在威胁中快速掌握了火枪的制造,并从仿造到改造,而逐渐演变为现代枪支。正是奥斯曼帝国的西迁,引起了全球化火器战争时代的来临。

在阿拉伯世界,奥斯曼帝国则侧重于宗教融合战争。这包括著名的对沙法维王朝和马穆鲁克王朝的进攻。虽然两个王朝的军队都对奥斯曼帝国进行了强力的反击,但由于奥斯曼帝国掌握了火枪兵与巨炮的制造,强大的火力令两个王朝的冷兵器军队望风披靡。在一两百年之内,便都成了奥斯曼帝国的领土。另外,在战争中,奥斯曼帝国加强了他们的海军建设,在一百年的时间里,海军逐渐独立发展起来。而且奥斯曼苏丹在之后对于北非和欧洲的进攻中,特意将火器的应用使用在海军之上,从陆路海路两方夹击,最终使阿拉伯世界快速崩溃。

到苏莱曼大帝时代,奥斯曼帝国大致完成了横跨欧亚非三洲的大帝国的基础,随后他又征服了匈牙利和美索不达米亚,是奥斯曼帝国领土最为广大的时期。此时,地中海东部和南部地区几乎全部成为奥斯曼人的势力范围,奥斯曼帝国盛极一时。

但在苏莱曼大帝统治结束后,奥斯曼帝国进入了平稳过渡期。尽管在《奥斯曼——哈布斯堡条约》签订的 1606 年以前,奥斯曼帝国还具有对外扩张的雄心,但此后,奥斯曼帝国则进入了衰落期,各欧洲大国纷纷崛起,奥斯曼帝国疲于应付,慢慢消耗力量直至最后反倒成了各国瓜分的对象。

武 器 与 装 备

我们这里所说的奥斯曼武器装备属于奥斯曼帝国的最强盛时期,即 1300—1606 年之间。在这段时间里,奥斯曼帝国南征北战,建立了世界上最后一个地跨欧亚非的大帝国。

奥斯曼帝国的武器继承于阿拉伯人,基本都是在阿拉伯武器的基础上进行改造和发展的。奥斯曼军队最早的火器来自阿拉伯人对蒙古西征带来的火器的仿制,更准确地说来自对中国南宋突火枪的仿制。这种火器和中国的火器相近,也是有一个细而长的飞火筒,筒中可以填充各类火药。不过他们的火药配比为 6 份硝石、1 份天然硫和 1 份松香或 2 份硫碳粉。为达到最好的喷射效果,他们将火枪的两端用铁丝绑紧,然后从中间伸出一个火药捻,从而使杀伤力更大。

在模仿的基础上,他们于 14 世纪制造出了新式武器"马达法"。这种武器是一种固定型火器,一般用木头削成枪筒,再将内部掏空,然后在枪筒下放一个固定的支架。使用时则首先用火药将枪筒填充为半满状态,接着在前面加入球型弹丸或者火箭。接着,由一人手持着火的管子将其从后部捅入。此时火药会爆炸,继而将弹丸弹射到对方身上,以达到杀敌的目的。而且最为精妙的是,其支架可以随时拆卸,只要一人便可背动,因此行动自如。

  不过,在现存的古籍中还有另外一种说法,即他们的火器是来自意大利的。因为在14世纪之时,奥斯曼人的史诗里突然出现了一种喷火的武器,这种武器名为"图菲克"。当时欧洲有人猜想这就是拜占庭人经常使用的"希腊火"。但不久后,在战争中根据其物理特性完全否定了这个猜想。大家据其物理特性,认为这件武器就是意大利人使用的"施奥佩蒂",波斯人称其为"扎布塔那"吹火管。不过,该吹火管还是来自阿拉伯人,所以从本质上来说奥斯曼人还是从阿拉伯人那里学会的火器技术。

  14世纪初,埃及的马穆鲁克与西班牙的摩尔人将这种武器在战争中大量使用,从而促使欧洲各国研究风潮的开启,作为紧邻的奥斯曼人也抓住了这个机会,将其直接仿制到自己的军队之中使用。14世纪中叶,奥斯曼人能够进入欧洲畅通无阻,也许与其火器的大量使用有着直接的联系。如著名的科索沃战役和尼科堡战役,奥斯曼军队都曾大量使用火炮,并以此取得了最后的决定性胜利。

  说到火炮,在这里不得不提到一种奥斯曼人发明的巨炮,这种巨炮名为巨型加农炮。这种巨型加农炮由巴尔干地区最著名的火炮铸造匠们铸造而成,该炮远比欧洲同时代的炮更大,威力也更强,土耳其人可以就在围攻战的现场浇铸巨炮,比长途运输更为便利,如果无法在现场铸造,破城炮就要先分解才能运输。该炮炮弹重500千克以上,每次装填需要2个小时,因此每天只能发射10次左右。不过其力量却非常惊人,可以在1 500米外射穿城墙。在实战中,该炮对君士坦丁堡进行了3个月的轰击,最终将这道世界上最坚固的城墙击穿,灭亡了千年帝国拜占庭。

  在14—15世纪,奥斯曼帝国成立了专门的制造火器的军团,称为色比西军团(塞比利军团)。这些军团的人主要来自塞尔维亚和伊拉克等地。因为当时的塞尔维亚相当于奥斯曼帝国的兵工厂,大量精细制作的火枪都来自塞尔维亚。而伊拉克和叙利亚等地则是奥斯曼帝国生产火药和炮弹的基地。所以，才尽其能，军团被建立了起来。而这些人的主要目的就是制造更先进的武器，用以在战场上达到百战百胜的目的。因为当时无论是中国的火器还是阿拉伯的火器，都具有使用不方便及笨重不便携带的特点。为了解决这个难题，在 14 世纪末到 15 世纪初的时候，奥斯曼人发明了世界上最早的火绳枪。

当时，在欧洲战场上已经出现了用烧红的铁块瞄准射击的手持枪械，准确说是一种变形的弓箭。在这种枪械的启发下，奥斯曼人发明出了最早的火绳枪，即用燃烧的火绳点燃的枪。该枪的雏形即在枪拖上加一个可以弯曲转动的、带有火绳的金属弯钩。其中火绳由硝酸钾浸泡过，燃烧速度约为每小时 76—127 毫米。在发射时需要用手指往里推引，让火绳接触到装药室内的火药，以达到发射的目的。该种改造使火器兵在装填火药的同时可以瞄准，大大加强了火枪的精准度。不过，这种火绳枪也有很多致命的问题。如没有准星，不能瞄准射击；火绳燃烧时不能熄灭，也就是说只能在大晴天使用，如果有雨雪风等天气都将无法使用；没有枪托，强大的后坐力会使枪在射击时往上抬……

虽然有这些问题，但之后火绳枪的确被穆罕默德二世第一次装备在加尼沙里军团上。在此后的君士坦丁堡围攻战役上，该枪与火炮配合获得了空前的胜利，也使欧洲各国第一次得知火绳枪这种武器。此后，欧洲各国纷纷仿制，在 50 年间，各种火绳枪纷纷问世。从 1510 年开始，欧洲各国开始建立起了独立兵种火器兵，此后，火器兵进入了大发展阶段。

可是与之相对的，奥斯曼军队的火器发展却逐渐处于停滞阶段。特别是到了帝国中晚期开端的 17 世纪，奥斯曼军队呈现出一种萎靡不振的收缩状态。他们不再继续自己研发新的火枪与火炮技术，摇身一变反倒成了比西欧各国慢半拍的复制者。虽然大量西欧工匠还在继续为奥斯曼帝国效力，为奥斯曼帝国带来西欧各国的新发明，可是奥斯曼帝国却丧失了继续发展的兴趣。这个问题的出现，一方面来自宫廷。当时的宫廷并未确立帝国继承者必须是长子，而是都可以继承。因此长子为了保卫自己的地位就必须从小开始宫斗,用大量的时间杀死自己的弟弟们,以达成仅有自己成为帝国唯一苏丹的目的。而之后,苏丹又要小心被自己儿子们所刺杀。由此,苏丹便不会用大量的时间去解决军队的问题,只愿意直接照搬照抄了。另一方面,在多年的战争后,奥斯曼帝国达到了领土的顶峰,很多原本拥有土地的人不再愿意去当兵,剩下的没有土地的人因为再也无法捞到战利品而纷纷破产。这一切使奥斯曼帝国一片混乱,武器到后期甚至改为直接进口,自己国家已经不再铸造的境地。

尽管有人已经预料到了这个问题的结果将是帝国的全面崩溃,但因为奥斯曼帝国武器装备已掌握在他人手中。虽然有3位著名的改革家进行了改革,但收效甚微。到俄国崛起时,奥斯曼帝国彻底沦为"欧洲病夫",只能任人宰割。

军队的构成

最早的奥斯曼军队主要是骑兵,也就是来自中亚地区的草原骑兵,这些人并不是职业化军队,而只是一些牧民的集合体而已。当到达安纳托利亚后,骑兵不再适用于平地与丘陵作战,所以奥斯曼帝国的军队开始大力发展步兵,并同时朝着职业化方向发展。

13—14世纪上半叶,奥斯曼帝国的军队基本上都由土库曼骑兵与步兵组成。他们一般称为加齐,由于这些人并不是真心实意地做骑兵,而是希望抢劫战利品才结合在一起,所以几十年后便逐渐被边缘化,原本的加齐大多也打发到各边境行省,形成了一种新的兵种,即轻骑兵阿金吉斯。取而代之的是从拜占庭帝国收编来的步兵与骑兵以及占领地区的信奉基督教的人民所提供的兵源。当然,苏丹周围原本的亲兵也是这些人组成,不过此时却演变成了由卡皮库鲁,即奥斯曼国有奴隶来组成。

但是,从14世纪中期开始,奥斯曼帝国又开始有了新变化,并出现了火器兵,令世界为之一振。其中,最早先的奥斯曼军队一般被称作

"杰尔宾特",即突厥语的民兵组织。换句话说就是各部落挑选出各部落里最勇猛的人,来参加奥斯曼军队。

但后来随着征服地区的扩大,这种制度逐渐在奥斯曼帝国各行省使用,中央不再使用这种制度。在中央出现了一种新的征兵制度,即职业化的军队需要一个严格的征兵制度,这种制度在奥斯曼帝国前100年的发展中逐渐形成并成为传统,该制度即著名的"德米舍梅制度"。德米舍梅是阿拉伯语,指统治者有权占有战利品的1/5。这个制度在早期是合法的,但到了奥斯曼帝国早期,在穆斯林中这个制度已经不再合法。可是为了战争的需要,奥斯曼人还是将其招魂了出来,并将其衍生成为之后奥斯曼军队征兵的绝对制度。后来,这种制度成为对战俘的征收权利,即苏丹对战俘或基督教士兵的招募制度。这些人接受了伊斯兰教之后会接受训练,然后成为苏丹的专有私人卫队"加尼沙里",也有人称其为"新军"。这些人来自奥斯曼新占领的土地上的人民,但不包括伊斯坦布尔和布尔萨周边地区的民众。这些人从儿童时期起便会被带到伊斯坦布尔或布尔萨接受训练,然后他们将会成为卡皮库鲁军队中的一员,佼佼者进入加尼沙里军队,一般或平庸者进入卡皮库鲁军队或炮兵军队。

在这期间,为了使巴尔干半岛的居民伊斯兰化,奥斯曼帝国还采取了对基督教及其他宗教的"贬低兼容"政策,即其他宗教信仰允许存在,但是要比伊斯兰教低一等,同时各种民族不再存在,而统统被称为奥斯曼人。这样只经过了100余年,巴尔干半岛便约有30%的基督徒放弃信仰去信仰伊斯兰教,就算是继续信仰基督的人们也经常搞不清自己到底信仰什么。当时一个最著名的说法就是,奥斯曼的巴尔干地区有很多"尊敬圣母玛利亚的伊斯兰教徒"。

14—16世纪,这一方式征召到的新军每年往往都维持在1 000人左右。但因为这种制度能够使选入的儿童的家庭一步登天,因此不少家庭也拼命用各种方法将自己的孩子塞入里面。因为有了钱财,军事长官也就睁一眼闭一眼了。由此,新军的数字开始逐渐膨胀起来,而这一数字无限膨大的结果就是造成,在16—17世纪,这些加尼沙里军队的基督教人员势力逐渐强大,反而将原有的突厥贵族统治推翻,重新建立了德米舍梅阶级的统治,将基督教思维凌驾于伊斯兰教思维之上。这也是为什么在1606年以后,奥斯曼帝国逐渐停止进攻征伐而转为防守的原因之一。

最早期的加尼沙里军团装备一般为头戴牧民高脚帽,如果是亲兵卫队则会在高脚帽上插上彩色的鸟类羽毛以示尊贵。他们身穿伊斯兰式的长衣长裤,将自己裹得严严实实,在外面他们会套一件长至脚踝的长衣,上面装饰有简单而连续的花纹,并有一长排的排扣。另外这些人还会脚蹬传统的拖鞋。到德米舍梅制度确立后,这种穿着退化到只在庆典中出现。普通士兵则改为头戴尖帽,也是身穿长衣长裤,但外面长衣没有装饰,脚上同样是拖鞋。高级一些的军官的穿着体现在帽子上加有一道到三道横箍。其他基本与普通士兵相同。他们携带的武器一般是一柄火绳枪、一柄长刀、一柄战斧及水壶与其他辎重。

说完加尼沙里军团的火器兵,我们再说说其他军队。这些其他军队一般被分为卡皮库鲁军队与行省军队。而且其实,从某种意义上来说,奥斯曼帝国的军队更像一种"武士"型的组织结构。

卡皮库鲁军队即国家奴隶军队,是苏丹的个人常备中央军队。据记载,该军队建立于1326年,但更多的人认为这是美化,只有在1350年左右战俘开始大量增加的时候,这种制度才能有效实行。而此前的100年,该军队主要由犯人和雇佣兵组成,但后却全部被德米舍梅所占据。它包括加尼沙里军团(新军)、炮兵团与卡皮库鲁骑兵。

加尼沙里军团是奥斯曼帝国中央军队的核心,一般都在1万～4万人,他们主要由德米舍梅所组成。该军团共有101个团队作为战斗部队使用,每个团队由一名考巴西(军官)率领。另外还有34个大队的苏丹私人卫队,每个大队人员在40～70人。他们全天候充当苏丹的私人卫队,从苏丹打猎到行军打仗这些军队必须随时待命。不过,该军团的组成人员终身不许婚配,必须发誓要永远住在兵营并接受常规训练。他们开始时重要性不足,仅作为军队的配角,但后来却逐渐成为奥斯曼帝国军队的中坚力量。他们主要是用步枪、弓箭和长矛,最著名的火器兵——奥斯曼火枪兵便是出自于该军团。从巴耶济德二世时期开始,每个加尼沙里军团的士兵必须配备一柄火绳枪。

炮兵团分为四部分,即炮团、色比西军团、工兵军团与迫击炮军团。炮团即使用大炮的军队。他们建立于穆拉德二世时期,曾在君士坦丁堡战役中立下汗马功劳。之后,他们在战斗中开始协同作战,支持加尼沙里军团和行省军队。一般该军团由1 000~5 000人组成。色比西军团即后勤部队,专门用来维修和制造武器。他们制造的火绳枪和手铳是当时世界上最先进的武器,这支军团一般维持在600人左右。工兵军团主要用于布雷、挖掘战壕和架设炮台等。迫击炮军团则主要用于制造和使用迫击炮、手榴弹和炸弹等。后面这两个军团人数一直变化很大,没有准确数字。

卡皮库鲁骑兵全名卡皮库鲁苏瓦里勒里,它可以分为六个军团,分别为乌卢菲西扬两支、古里巴两支和希拉赫塔尔与西帕希欧古兰。他们作为骑兵团在作战时永远紧挨着苏丹的两侧,所以他们的地位往往要比加尼沙里更加显赫。一般来说,这六个军团的士兵大部分来自穆斯林,而非前两种兵种的德米舍梅。最开始,他们也装备有手铳,但后来当他们变成直接对苏丹负责后,笨重的手铳被放弃,取而代之的是轻便的弯刀、长矛和弓箭。他们一般从6 000~20 000人不等。

行省军队一般分为蒂玛里西帕希、森林卫队、杰尔宾特卫队和突袭部队。他们主要用于保卫各行省的安全。因为他们并不具有火器兵的特点,也就不做介绍了。

奥斯曼军队除国家军队、行省军队外还有一部分就是附庸国军队,他们包括保加利亚军队、塞尔维亚军队、特兰西瓦尼亚军队、瓦拉几亚军队、摩尔达维亚军队与波斯尼亚军队等。他们主要向奥斯曼帝国提供骑兵与生产火枪、提供装甲。同时,不定期地鞑靼人和哥萨克人也会加入到奥斯曼帝国的军队中来,他们会提供弓骑兵、独木舟以及作为移动堡垒用的大车。当奥斯曼帝国征服地中海东岸后,新月沃地便成了奥斯曼帝国的火药制造基地,几乎所有火枪兵的火药与子弹都是来自这一地区。

17世纪中叶,一种新的名为图菲克西的火枪手出现,他们是17世纪军事改革的产物,这些人基本使用当时西欧流行的装束再加上奥斯曼风格,搭配得有点不伦不类。不过他们使用的武器已经变成燧发枪,要拥有远远超过火绳枪的战斗力。

18世纪末至19世纪,奥斯曼帝国的军队开始使用欧洲各国使用的特色军服,将红色作为军队的主要颜色,军队各类兵种及军官用帽子来区分。另外,战斗中不再使用拖鞋,而是使用与其他国家相同的皮靴。

战 例 与 战 术

进入小亚的前100年,奥斯曼人的战术继承于土库曼部落与其他游牧民。他们的方式是先用大量的骑兵对敌方进行骚扰,在这个过程中,骑兵弓手和步兵弓手会对敌方拼命射箭,射完自己口袋中的箭后回头继续去取,一直以高昂的士气压倒对方。接着便是孤立敌方,将各个部队分开的同时歼灭之。不过,很快奥斯曼人就入乡随俗,学习并强化了军队的建设。

在奥斯曼帝国中早期,即16世纪之前,几乎还在使用战时征调、闲时从业的战争方式。不过,他们有个优点就是对于战争他们往往会提前做好准备,在充分准备后才会去进攻。这一点可以从现存的一些奥斯曼帝国时期的战争记载发现。在这些记载中,老兵们会根据未来战斗的需要,向新兵们传授其经验,而且每次奥斯曼人的战争具体情况都会由随军的书记员或者一些高级官员记录在册,以便随时查阅。另外,他们还会根据以往的经验提前准备好足够支撑到这场战争结束的粮草物资。牛羊更是随军携带,以备不时之需。最重要的是,就像罗马人一样,不管奥斯曼人是否在战争时期,通往战争前线的道路永远都是首要被修缮的对象。除此以外,还有一个最重要的问题就是奥斯曼帝国军队疾病死亡率要远远小于基督教国家军队。其实说起来也很简单,就是奥斯曼军队强力推行严格的穆斯林习俗、习惯。在战争中禁止喝酒、衣着朴素、食厕卫生,这也使他们能长期保持战斗力。

但是,奥斯曼帝国早期的军队组成人员不是拥有封地就或者是奴隶,他们不能长时间进行战争,只能在农闲时期,即 4—9 月进行,其他时间要回到封地上处理事务。正如三次匈牙利战争,每次的结束全部是因为这个原因。如果没有这个原因,也许苏莱曼大帝可能真的能在在位之时统一整个中东欧。冬天,奥斯曼帝国不会进行战争,但过了 12 月,苏丹便会准备策划次年的战争,他会将自己的毛皮令旗竖起,表示要开始次年的战争了。接着,在次年大维齐等人也会竖起自己的毛皮令旗,从而一级级地向下重新组织集结队伍,经过 2 个月左右的组织,到次年 4 月继续进行战争。

奥斯曼帝国的军队在战争中往往会由轻骑兵阿金吉斯和德里开道,后面紧跟精锐部队卡哈奇巴西,中间是苏丹与护卫部队火枪兵加尼色里军团以及各种辎重,两侧侧翼为西帕希部队,最后是炮兵。

16 世纪中期,苏莱曼大帝在位时期奥斯曼帝国军队达到顶峰。他们在战争中吸取了东欧和中欧的战争战术,将军队重新划分,并将其战斗力也提升到了顶峰。在东欧战争中,奥斯曼人吸取了大车战术,即将一排大车首尾相连,每辆车上由几个火枪兵埋伏并向围攻上来的敌方射击,如果对方还击则躲在大车中,作为一种移动式的堡垒而存在。他们学习后便将大炮等不易移动且能量巨大的军队放在中央,用以远距离击杀敌人。这个战术在 17 世纪的爱尔兰与法国以及 19 世纪的美国也曾出现过,不过他们是为了保卫牛羊,而不是保卫大炮。其实这种战术一般在绝对劣势时才会使用,而在战场上奥斯曼军队基本都处于绝对优势。此时,他们会先挖掘一些战壕并设置土墙,土墙后面由加尼色里军团的火枪兵与苏丹卫队组成,以远距离射击敌人。两侧保卫的是卡皮库鲁骑兵,即前面所说的六个军团。最后压阵的是奥斯曼炮兵。西帕希骑兵与阿金吉斯轻骑兵会在两翼进行冲击,负责将敌军冲散。这种战术在燧发枪出现之前,一般来说都会起效。因此,这一战术也被波兰与俄国军队所吸收,成为近代之前他们的战术之一。

陆地战

对于奥斯曼军队来说不能不说的战役即围攻君士坦丁堡战役与三次远征匈牙利战役。因为这两次战役几乎改变了世界历史发展的进程。

首先说一下围攻君士坦丁堡战役。拜占庭帝国建立于公元330年，之后的1 000余年，其首都君士坦丁堡多次被围，但攻陷却只有两次，一次是1204年十字军东征时期，另一次是1453年奥斯曼帝国灭亡拜占庭帝国之时。而且，君士坦丁堡的城墙是世界上最坚固的城墙，从建成起就一直未倒下。原本在拜占庭帝国最盛时期曾经是地跨欧亚非三洲的大帝国，整个地中海都是它的内海，但自从阿拉伯人兴起以后，南部和西部的土地损失殆尽，只剩下帝国中心的巴尔干半岛与小亚细亚两部分。到奥斯曼帝国兴起时，日侵月夺，拜占庭帝国仅剩很小的部分土地。1453年前，拜占庭帝国更是被奥斯曼帝国侵削得只剩下了君士坦丁堡和其郊区，面积只比现在的梵蒂冈略大些。

实际上从1261年尼西亚帝国收复君士坦丁堡起，拜占庭帝国就早已远远没有当年的威武。那时的拜占庭帝国正沦落为二流小国，只能和巴尔干半岛的诸国打一打，连西欧各国的军队都无法抵抗，唯一能确保其存在的只有君士坦丁堡的城墙而已。1300年，奥斯曼帝国在拜占庭的腹地小亚细亚半岛独立出来，历代苏丹从一开始就以将拜占庭灭亡为主要目标。虽然在100年的时间里将拜占庭帝国的其他土地几乎全部收入囊中，但因为君士坦丁堡的位置险要，就如同一个钉子一样楔进了奥斯曼帝国向欧洲扩张的中心点上。在1402年之前，奥斯曼帝国总共对君士坦丁堡进行了4次围攻，但每次都以失败告终。

1402年，跛子帖木儿暂时灭亡了奥斯曼帝国，在数年后奥斯曼帝国才重新独立。因为帖木儿的统治与奥斯曼帝国王公们对苏丹的敌意，使重新独立后的奥斯曼帝国政治非常不稳定。穆罕默德一世作为复国后的第一位苏丹，为了维护统治，一方面开始结交拜占庭帝国，另一方面也逐渐给予王公贵族以好处,以换得他们对自己的效忠。他羡慕拜占庭帝国首都的富庶与位置险要,曾经对他的儿子与各王公多次说过希望获得这座城市,并将首都从布尔萨迁到君士坦丁堡。可是他却因为此起彼伏的叛乱,根本无暇他顾。就在他平叛的时候,拜占庭人又反复无常地开始支持他的敌对者,所以他进行了第5次围攻君士坦丁堡,但这次和前面几次围攻一样,仍旧是无功而返。

当穆罕默德一世的儿子穆拉德二世即位时,拜占庭人又转而开始支持奥斯曼帝国各地的王公起义。此时的穆拉德二世仅仅17岁,他怕在拜占庭的怂恿下王公大臣们终有一天会将自己暗杀,因此便毅然决然地对君士坦丁堡进行了第6次围攻。这次进攻中穆拉德二世首次启用了加尼沙里军队的火枪手和巨炮,该炮被拜占庭人称为君士坦丁堡巨炮,至今在伊斯坦布尔仍能看到其仿制品。

1422年,就在穆拉德二世苏丹指挥军队围攻君士坦丁堡的时候,他的弟弟穆斯塔法王子突然进攻首都布尔萨,同时还获得了不少王公大臣的支持。穆拉德二世只得慌忙回援,利用其精锐部队打败了穆斯塔法王子的军队。1423年,穆斯塔法王子被处死。对于反叛,穆拉德二世不能容忍,因此他大肆杀害能够可以对自己构成威胁的人,以保证其王位不被任何人觊觎。此后,他将加尼沙里步兵进行了改革,该军队从临时组建变成统一由国家控制,每个加尼沙里步兵都可以拥有一柄火绳枪、一把弯刀和一根长矛,而且直接对苏丹负责。他们的军饷由苏丹从国库支付,不再摊派到各地区。自此后,加尼沙里军团成为之后数百年战争的中坚力量。此外,炮兵也被他建立起来。该军团是从加尼沙里军团中择优选择,然后给予他们和加尼沙里军团一样的军饷,最重要的是可以操纵当时最为危险和威力巨大的武器——巨炮,该炮也被称为穆罕默德巨炮。该军团和加尼沙里军团在之后的30年里参加了安纳托利亚战争、第一次奥斯曼威尼斯战争、瓦尔纳战争与科索沃战争。在这几场战争结束后,君士坦丁堡除能与威尼斯等国联系外,其他一切均已被奥斯曼帝国全部包围。

1451年,穆罕默德二世即位,虽然已没有篡位者的后顾之忧,但因为其祖父和父亲已经做出了相当大的丰功伟绩,他担心自己但凡有一点问题,恐怕也会被后人所耻笑,而且最主要的是他想将加尼沙里全部军队收为自己所有。因此,选择围攻君士坦丁堡就是他的唯一的选择了。

1452年,奥斯曼帝国与威尼斯、匈牙利签订了条约协定,表示奥斯曼帝国会保持对这些国家的友好,不会主动发起进攻。继而,穆罕默德二世开始聚拢军队,开始准备对君士坦丁堡的第7次,也是最后一次围攻。与此同时,他在博斯普鲁斯海峡的欧洲一侧建立了一座要塞城市鲁梅利希尔勒,借以隔断君士坦丁堡与外界的海路联系。在这一要塞建好后,穆罕默德二世便向拜占庭皇帝君士坦丁十一世发出了要求投降的建议。可君士坦丁十一世凭借君士坦丁堡具有防御力极好的城墙,而坚决不同意这个要求。

其实当时君士坦丁堡的守军仅有7 000人,而且其中2 000人还是外国雇佣兵。虽然君士坦丁堡的城墙堪称当时世界最坚固的城墙,但它现在面对的已经不是冷兵器,而是拥有10万大军,并且使用着世界上最先进火绳枪与巨炮的军队,君士坦丁堡的陷落已经是板上钉钉的事了。在启程前,奥斯曼人带上了穆拉德二世时期的新发明——巨炮。这是奥斯曼人雇佣了一位匈牙利工程师,专门建造的一种巨型大炮。它长8米,直径75厘米,能将544千克的炮弹射到1.5公里远的地方。可是该巨炮有一个最大的缺点,那就是上膛需要3小时,也就是每天只能打8枚炮弹,不过这也足够了。虽然君士坦丁堡的城墙上也装有小型的巨炮守卫,但对于这种奥斯曼新式巨炮来说,完全是小巫见大巫。

1453年2月,围城开始。奥斯曼新军从色雷斯拖来巨炮,在君士坦丁堡的西北站稳,从2月到5月,奥斯曼军队的巨炮每天接连不断地对君士坦丁堡城墙进行轰击。3月,奥斯曼海军从新建好的要塞出发,一路向君士坦丁堡东侧前去。可是到达君士坦丁堡附近他们才发现,拜占庭人竟然在金角湾设立了不少链条,用以挡住奥斯曼海军的进入。因此从4月6日到4月18日,奥斯曼海军只好先占领了君士坦丁堡城外的所有岛屿。继而开始对金角湾的进攻。4月21日,奥斯曼海军强攻博斯普鲁斯海峡,将一批船只生生地拖上加拉塔山丘,然后滑入到金角湾内。在这里奥斯曼海军也架起大炮,每天对君士坦丁堡进行轰击。

5月28日夜晚,奥斯曼人开始对君士坦丁堡的总攻。当天夜间,奥斯曼的巨炮在托普卡和雅里卡帕之间的城墙处打开了一个豁口,君士坦丁堡坚固无比的城墙终于在奥斯曼人的轰击下倒塌了。接着第二天早上,由农民组成的突袭军团先攻击君士坦丁堡,他们手持弯刀,对君士坦丁堡的有生力量大杀大砍,以达到威慑对方的作用。接着安纳托利亚杰尔宾特卫队携带着部分火器对君士坦丁堡的守军进行扫射,又将一批守军杀死。最后则是加尼沙里军团的火枪兵进攻,尽管守卫誓死抵抗,但无法抵抗火枪兵的威力,纷纷败下阵来。最后,君士坦丁堡被攻破,一个千年古国自此消失。入城后,奥斯曼军队征得穆罕默德二世的许可,在城中大掠三日,君士坦丁堡从此变成了奥斯曼帝国的伊斯坦布尔。

在这连续7场对君士坦丁堡的围攻战争中,奥斯曼人使用了越来越强的武器,从最早的骑兵进攻,到最后的海陆联合进攻。这场战争就像一个先进武器试验场,奥斯曼人一次次地发展了自己的火器兵,将最新最先进的武器投入到战场之上,最终取得了决定性的胜利。在最后一次君士坦丁堡围攻战役中,巨炮发挥了极其重要的作用。对于屹立千年的君士坦丁堡来说,城墙是它的最后一道也是最重要一道防线。巨炮的使用,则让这个在冷兵器时代成为所有游牧民族噩梦的城市反倒成了最容易攻打的。另外,在这场围攻战中,火绳枪兵是一个比较受瞩目的军队组织。虽然他们处于草创阶段,但其攻击力却足以令拜占庭人胆寒。在未来的岁月里,该部队会继续向欧洲挺近,让整个东部欧洲在他们的武力下屈服。

在围攻君士坦丁堡的70年后,奥斯曼人进行了三次匈牙利战争,这些战争不再是成功的战争而是失败的战争。

在解除了君士坦丁堡这个大麻烦后,奥斯曼人开始集中向欧洲和非洲进发。在几十年间,奥斯曼帝国的土地增加了一倍以上。1451年—1566年,奥斯曼帝国进入了鼎盛时期。特别是在苏莱曼大帝时期,奥斯曼帝国成为世界上数一数二的大帝国。不过,君士坦丁堡被攻破后,欧洲各国几乎都见识到了火器的威力,纷纷开始建造起自己的火器兵军团。如英国、法国、神圣罗马帝国、西班牙、俄国等国家在十几年间都从阿拉伯世界引入了火器，15世纪至16世纪他们改进了火绳枪，制造了射程与威力更加强大的火枪。他们改造了枪管和枪托，特别是对于火绳凹槽的改进，使火绳枪的发展更进了一大步。另外，巨型火炮被欧洲的机动火炮和手持火炮所代替，在15世纪末神圣罗马帝国、法国、意大利和英国制造出了野战炮、臼炮、两轮车炮等。特别是佛郎机的出现，令火炮焕然一新。在西班牙与葡萄牙的对外殖民史上，该炮几乎起到了决定性的作用。甚至于在明朝时期，这种火炮竟然回流到火器的起源地中国。与之相对应的是奥斯曼帝国的机构臃肿和发明创造的滞后性。在战胜了拜占庭人后，奥斯曼帝国不再继续研究更先进的火器，而是满足于现在所拥有的火枪兵与火炮。因此在随后的70年间，欧洲火器迎头赶上，反而让原本最先进的奥斯曼火枪兵成为弱者。而这，就体现在三次匈牙利战争中。

说起来，苏莱曼大帝最大的征服目标就是欧洲的匈牙利，此时的匈牙利正处于奥斯曼帝国与哈布斯堡王朝之间，属于一个大国间的缓冲地带。苏莱曼大帝发动对匈牙利的战争原本只在于希望将克罗地亚、塞尔维亚与多瑙河的前线打开，能对北部的基督徒进行消灭。匈牙利曾经左右摇摆的政策被奥斯曼帝国的强权所威慑，最后仅保持形式上的独立，其实已经成了奥斯曼帝国的一个附属国。但欧洲各国却不愿有这样的一个匈牙利存在，他们更希望匈牙利能作为欧洲各国的前锋，对奥斯曼帝国进行坚决的抵触，以达到天主教能在欧洲继续存在，伊斯兰教不会继续北进的目的。

可匈牙利根本没有这种能力，1526年5月29日，布达附近、多瑙河右岸的莫哈奇平原上，奥斯曼人与匈牙利人进行了第一次战争。这次战争由教皇、法兰西和神圣罗马帝国所左右，他们派出了一定的兵力，与匈牙利联合阻击奥斯曼人。可是这些临时组织起来的军队根本就不是当时世界上最强大军队的对手。苏莱曼大帝的炮兵与火枪兵仅仅用了10天的时间就将这些散兵游勇击退，同时还占领了布达和佩斯，匈牙利军队没经过多少抵抗，就几乎全部被消灭。一个月的时间内，整个匈牙利被奥斯曼人所占领。但就在此时，苏莱曼大帝迫于后方叛乱只得撤军。他采纳了谋臣的意见，同意在部分地方驻兵，其他绝大部分的匈牙利地区只要每年纳贡就可以了。第一次匈牙利战争以奥斯曼帝国全胜告终。

1526年—1528年,苏莱曼大帝一直致力于对内叛乱的平息,没工夫继续管理刚刚打下来的匈牙利。因此奥地利人开始了对当地的侵入。恰好此时匈牙利正在选举新国王,国内形势一片混乱,匈牙利贵族们便鼓励神圣罗马帝国吞并匈牙利。而神圣罗马帝国也确实是这样做的。让已经当选的匈牙利国王扎波良感到非常气愤。扎波良便开始接触奥斯曼人,他同意承认奥斯曼的宗主权,希望奥斯曼帝国能将匈牙利吞并。可是奥斯曼帝国并不希望吞并匈牙利,他们更希望一个自治的国家在这里出现,从而达到缓冲的目的。但因为神圣罗马帝国已经对匈牙利进行占领,不得已苏莱曼大帝还是发动了第二次匈牙利战争。

1528年9月3日,奥斯曼帝国的10万大军再次攻占了布达。在接下来的20天内,凭借火炮的威力奥斯曼帝国再次将整个匈牙利收归自己所有。9月27日,奥斯曼军队突然出现在维也纳,在围攻了1个月后,因为隆冬的提前降临,奥斯曼帝国不得不撤回军队,回到伊斯坦布尔过冬。对于此时的奥斯曼军队来说,雇佣兵占了相当大的比例,这些人每年在冬天都要建立营地,一部分人要去收集粮食,所以兵源会严重不足。在这种情况下,奥斯曼帝国的军队根本不能对维也纳进行长期围攻,所以维也纳也便成了奥斯曼帝国军队在有限的时间内最远能抵达的城市。这场战争以奥斯曼人的自动撤退为结果,苏莱曼大帝的一切努力几乎都白费了,匈牙利还是作为一个缓冲国而存在。

1532年,苏莱曼大帝集结了30万人的大军,剑指中欧,准备在两个月内将奥地利铲平。在8—9月期间,这批大军被分为数个部分,到处寻找敌方主力决战。可是奥地利各地均凭借坚固的要塞坚壁不出,令奥斯曼帝国军队到处都在吃闭门羹。虽然他们袭击了奥地利的乡村,但要塞城市几乎没有任何损伤。此时,冬季再次来临,苏莱曼大帝带着疲惫的部队重新回到伊斯坦布尔过冬。

在这场战例中,奥斯曼帝国暴露了其最大的问题,即兵源问题。奥斯曼帝国在创立之初,曾经依靠大量骑兵与火枪兵纵横巴尔干和小亚细亚。但是因为他们在15世纪后逐渐接受了农耕的习俗,只有在农闲时间才会组织军队进行进攻。虽然有苏丹直辖的职业化部队,但他们人数较少,且主要对苏丹负责,可以说就是苏丹的卫队。如果在扩张战争中以他们为主,很快便会损失殆尽。而其他省份的军队更多地属于非职业性军队,他们在4—5月开始汇集,最多到10月便要回到家乡储存粮食,所以真正的对外战争只能维持在7—9月而已,这一最大的弊端使奥斯曼帝国对欧洲的扩张只能最远到维也纳,造成了奥斯曼帝国无法再继续扩张的尴尬。另外,巴尔干半岛的大量丘陵地带也大大延缓了奥斯曼帝国进攻的速度。在两河流域奥斯曼帝国经常很容易地就将敌方打败,而在东欧则完全没有可能。即使是拥有世界上最强大的武器和兵力,但对于如此多的山地,奥斯曼人就像是大笨象,先进的武器反而成了累赘,最终反倒被持着大刀长矛的军队杀得落花流水。

水战

从13世纪开始,欧洲国家的舰船技术有了一些革新。一方面因为英法的长期战争,另一方面则是奥斯曼的崛起。他们首先将桨帆船从两层划桨者变成三层划桨者,将划桨速度增加了近一倍,使舰船冲向敌阵的速度猛增。继而又使用了北欧大帆船的技术改造出了一种新式帆船。该船可以使用两种帆。一种帆为方形船帆,用以鼓风前进,另一种为三角帆,可以在风向转变时,还能继续按照原定计划继续前进。

奥斯曼帝国于15世纪初接受了这两种舰船技术,并将大型火炮抬上了舰船。他们增加了甲板厚度,将火炮改为可以用轮子推的非固定炮,使奥斯曼军队的战舰如虎添翼。尽管如此,奥斯曼帝国的军队却并未胜过基督教军队,只能说用炮火可以将对方压制,但却根本无法将对方,特别是威尼斯、热那亚此类专门制造战舰的国家的船只俘获。

在围攻君士坦丁堡的同时,如此的战斗便有一次。在1453年围攻战打得正酣之时,奥斯曼帝国军队出动了其引以为豪的海军,将金角湾边上的海岛掠夺一空,并且形成了对君士坦丁堡的合围之势。为了缓和陆上进攻的紧迫,4月中旬,穆罕默德二世决定将一部分海军调出,从海上攻击君士坦丁堡。可是令人沮丧的是,奥斯曼的军队根本无法进入金角湾锁链围绕的地区,也无法对君士坦丁堡进行有效的合围。

就在此时,一支威尼斯舰队从南方驶入奥斯曼人的包围圈,希望能躲过奥斯曼人的眼线为君士坦丁堡运送补给品。可是奥斯曼人早已发现他们的行踪。将舰队列阵开炮猛烈轰击。可是,对于海上技术娴熟的威尼斯人来说,海战是他们的强项。在左躲右闪下,有些威尼斯战船竟然逃过了奥斯曼人的炮火,行进到君士坦丁堡附近,将部分补给品带到了城内。不过,因为奥斯曼军队的火炮过于猛烈,威尼斯人并未靠岸,只是在附近转了一转就回去了。这次的"失利",差点令奥斯曼舰队指挥官巴尔塔被斩首。但也确实给了意大利人以口实,他们自称奥斯曼人从未在海上赢过他们。

的确,从这以后到意大利战争的100年间,奥斯曼人在地中海东北岸一直是以一种海盗似的巡游状态存在,即使是将基督教军队打败,但也从未伤及筋骨,最后终于在基督教国家的反攻中一败涂地。

1560年以后,俄国伊凡雷帝征服了阿斯特拉罕汗国,将领土一直往南推进,而奥斯曼则在黑海北岸向北推进。在一个不相属于任何一个国家的地方,他们开始了真正的战斗,这就是俄土战争。这场战争从1568年断断续续打到1878年,最终俄国取得胜利与大量土地,奥斯曼帝国则衰落到失去了几乎所有欧洲领土。开始,两国只是在陆地上的争夺,但到了七年战争之后,俄国在黑海的舰队异军突起,开始了与奥斯曼的海上战争。

特别是从1770年起,几乎每年两军都会发生海战。对于俄国风帆战舰与武装商船的紧逼,奥斯曼海军不得已也开始转变自身的海军战舰类型以及作战方式。奥斯曼帝国建造了一些比较先进的风帆战舰与划桨船,但是比起在英国协助和训练下的俄国战舰,还是不可同日而语。另外，此时正处于奥斯曼帝国的衰落停滞期，虽然有些头脑先进的人士希望改革，但收效甚微。所以从这一年起，奥斯曼帝国的领海越来越萎缩，接连失去爱琴海、黑海北部、红海及整个西南部地中海。直到近代，土耳其出现后这一弱势才有了改观，但是土耳其的领土也仅限于欧亚大陆之间的那一小块而已了。

第三章　哈布斯堡王朝火器兵

也许您读到这里会觉得奇怪,这本书中其他的地方都是国家,这里为何突然出现了一个王朝。而且按照本章的意思也应该开始介绍神圣罗马帝国,而不是哈布斯堡王朝呢。请您不要着急,只要继续往下看就会弄懂了。

如果您看过著名的电影《茜茜公主》,相信您一定会对这里提到的哈布斯堡家族很熟悉。其实,哈布斯堡家族在中世纪晚期到近代一直都是一个传奇,他们曾经占据了西欧的大部分土地,而占领的方法竟然是——联姻。

说起哈布斯堡家族的起源,其实来自6世纪法兰克的阿尔萨斯公爵。后在征战中公爵的领地逐渐扩大到瑞士。1020年,在瑞士的阿尔高州,该家族的一位主教,斯特拉斯堡的维尔纳在这里建立著名的哈布斯堡(鹰堡)。后代便以这座城堡为名,称为哈布斯堡家族,而他们的爵位也被俗称为哈布斯堡伯爵。1218年,主要统治瑞士的策林根家族绝嗣,哈布斯堡家族趁机将整个瑞士收入囊中,这便是哈布斯堡家族扩张的开端。而直到此时,世界上并不存在一个叫神圣罗马帝国的国家,只有一个叫神圣帝国的国家,这个国家就是东法兰克王国。

30多年后的1254年,东法兰克第一次被称作神圣罗马帝国。而也就是这一年,帝国却陷入了大空位时期,虽然有一部分诸侯曾选举某些人或者干脆自己成了神圣罗马帝国的皇帝,但终究都是个别诸侯同意,大多数诸侯不同意,反而造成整个帝国的完全混乱。此刻的帝国没有统一的管理,一时四方割据迭起,神圣罗马帝国陷入严重的大混乱之中。在十几年的混战中诸侯们突然发现自己并没落到任何好处,所以他们便发明了一种七大选帝侯制度。即之后的神圣罗马帝国皇帝都由这七大诸侯选举产生,然后由选举的皇帝管理这个国家。这七大选帝侯都不愿神圣罗马帝国再出现像奥托大帝那样的强权人物,所以纷纷选择一些较小的没有多大势力的诸侯选择。最终,他们决定让哈布斯堡伯爵鲁道夫一世成为全德意志的国王(未加冕为皇帝)。

鲁道夫一世统治期间,哈布斯堡家族从波西米亚手里夺取了奥地利等诸公国,并在随后的日子里将家族的中心从哈布斯堡转到奥地利的维也纳,自此后,哈布斯堡家族也被称为奥地利家族而奥地利作为哈布斯堡家族统治的中心,一直到1918年才结束。可是与之相辅相成地,因为哈布斯堡家族的迅速崛起,他们却失去了神圣罗马帝国的帝位。此后的100年绝大多数时间神圣罗马帝国国王由拿骚公爵领有。不过到1422年,奥地利公爵阿尔布雷希特五世与匈牙利国王的女儿结婚,奥地利和匈牙利自此合二为一。1438年,阿尔布雷希特成为神圣罗马帝国国王,称为阿尔布雷希特二世。此后的400年间神圣罗马帝国皇帝一职一直由哈布斯堡家族把持。

接着,哈布斯堡家族为了稳固神圣罗马帝国的位子,开始大量结成政治婚姻,以获得欧洲诸国对他们的信任和帮助。在15—16世纪最强大的时候,哈布斯堡家族领有奥地利、匈牙利、德国的大部分、意大利北部、低地各国、西班牙、捷克和波兰的一部分。但不久后这些支系就因为各自的疏远而逐渐分家了。18世纪时,西班牙和低地各国独立;1804年中欧各国分裂;1806年神圣罗马帝国被拿破仑灭亡,各盟国脱离帝国。此时哈布斯堡家族仅剩奥地利与匈牙利而已,是为著名的奥匈帝国。一战后奥匈帝国瓦解。

分裂的原因其实还有一个就是因为新教的出现。在神圣罗马帝国因为各邦国几乎全是分裂状态,因此各国根据自己的需要分成了天主教阵营和新教阵营。宗教的不一致,造成了大量的战争。16—17世纪,整个神圣罗马帝国都处在欧洲各国争霸的中心地带,一次又一次地被各方分割势力范围。

1526年,哈布斯堡王朝的中心地带——奥地利取得了波西米亚和匈牙利，成为东方抵挡奥斯曼帝国的最后屏障，与奥斯曼帝国开始了长期拉锯战。但1618年开始的三十年战争，使帝国的力量一落千丈，各邦国几乎都损失了一半的人口，整个帝国处于瓦解之中。此时，只有处于南方的奥地利与处于北方的勃兰登堡——普鲁士具有重新统一各国的能力。不过，当时奥地利更多地参与着东边的战争，不能快速将神圣罗马帝国重新整合起来，因此该整合任务就只好交给了普鲁士。但名义上哈布斯堡王朝还是神圣罗马帝国的统治者。1699年，匈牙利被奥地利占领。1806年后，奥匈帝国出现在历史舞台上，继续着哈布斯堡王朝的帝国梦。

所以说，整个哈布斯堡王朝的历史就是中晚期神圣罗马帝国的历史。因此从这点上，我们便可以将这部分称之为哈布斯堡王朝。

武 器 与 装 备

在哈布斯堡家族逐渐扩张成为欧洲巨无霸的时期，恰好也是奥斯曼帝国西扩之时，造成哈布斯堡家族的领地与奥斯曼帝国犬牙交错。在奥斯曼人看来，他们的主要目的就是对欧洲的扩张，而对哈布斯堡家族来说，他们的主要目的就是防御奥斯曼人的进攻。正因为这个原因，奥斯曼帝国与哈布斯堡王朝几乎每年都会发生战争，而这些战争也促使了各种新式武器的发明，这其中最重要的就是火器的快速翻新。

最让人无法想象的事就发生在哈布斯堡王朝统治的神圣罗马帝国境内。虽然他们自称继承了西部罗马帝国的衣钵，但从某种意义上来说，该帝国只是一个松散的联盟，并不具有同时期东部帝国即拜占庭帝国的那种体制，也就是皇帝从上至下能将自己的意志执行到底。帝国内各诸侯的力量远大于国王，大家离心离德，并没有统一的组织。可就在这种体制下却令人惊奇地发生了一件事，那就是近代史上火器武器的发明和演进竟然有一半都是在这片土地上出现的。特别是从14世纪下半叶开始，神圣罗马帝国土地上的战争连绵不断，使火器的应用处于一种极其活跃的状态，甚至在战争中的使用量上远远超过邻近的两个大国——英国和法国的总和。这个时期的神圣罗马帝国实际上正处于汉萨同盟的活跃期,但各诸侯国之间并没有统一的法律与规定,所以各种摩擦接连不断。如 1388 年——1399 年的四次冲突中,火炮和火枪几乎都派上了用场。

1370 年前后,在纽伦堡发明了世界上第一把手枪,即坦奈堡手枪。该手枪长 330 毫米,口径 17 毫米,重 1 240 克。它与中国元末的标准火铳基本类似,但长度更短,重量更轻,更适合于单兵作战。这一发明几乎改变了步兵的历史,在 1525 年的帕维亚会战中,该枪与另一种燧发枪以少胜多,破坏了法国的霸权企图。

说到燧发枪,它最早出现于 1515 年,据说是由一个钟表师所发明的。该钟表师由于一次偶然的机会,受到了燧石打火机的启发,在研究后制造成功了世界上第一支转轮打火枪,而这也就是燧发枪的前身。该枪以锯齿转轮与击铁固定的燧石最为打火器。在燧石击打转轮的时候,立刻可以将火药池的火药打出火花,将子弹射出。该枪避免了奥斯曼式的火绳枪在雨雪天气不能射击的弱点,同时也开始有了瞄准的可能性,远比同时代的奥斯曼帝国与法兰西帝国的火绳枪要先进而强大得多。次年,神圣罗马帝国即将此枪支装备给士兵使用。30 年后,西班牙人改造了该枪,将锯齿转轮去掉,更方便使用,并取名为燧发枪。直到 1850 年,这一发明才被更先进的武器所代替。

从神圣罗马帝国的雇佣兵时代开始,欧洲自己的火器兵已经登上历史舞台,他们出现的早期即引起了从锁子甲到板甲的改革。他们虽然不能像重装骑兵和步兵那样内部穿有锁甲,外面罩上铁质盔甲,移动时就像一个个移动的堡垒一样,但他们具有和轻步兵近似的装备。他们每个人都戴有头盔,装备着护膝与护臂,身披半身板甲,外面罩一件长衣。另外还可以佩戴一把剑用以肉搏。哈布斯堡统治时代的火器兵与弓兵的装备几乎完全一样,唯一不同的只是他们携带的是枪支而不是弓箭。虽然此时的他们并不太受重视,可是在神圣罗马帝国军队中已经占有一席之地。

在神圣罗马帝国军队中,每个连为 400 人左右,一般每个步兵连中会有 25—50 人是火器兵。他们最初装备有钩式火绳枪,后改为转轮打火枪。钩式火绳枪在 1400 年—1420 被帝国的匠师们制造出来。该枪的主要特点与坦奈堡手枪近似,枪口有箍唇,枪身有垂钩,枪总长 1 000 毫米,口径 20 毫米,重 4 650 克。1524 年—1525 年间,这种枪曾被大量使用。然后它们的 10 个连组成一个团,大致一个团有 4 000 人。在战斗中,火器兵一般位于戟兵的侧面,他们在战斗打响后会与弓兵一起先行远程攻击对方军队。当受到威胁时,他们又将躲到矛兵队伍之中,寻机会继续打击对方军队。

在 14 世纪末,奥格斯堡的一位造炮匠师制造了 3 门大炮。分别可以发射 120、70、60 磅的炮弹,其射程约在 1 600 米,与当时奥斯曼人制造的巨炮射程基本相似,但是装弹时间大大缩短。后又有人将该炮安上了木架和轮子,可以由牛车或马车快速拉到战场。

就在这期间,神圣罗马帝国还开始了最早的炮兵射击训练。他们要求炮手要经常进行训练,并且训练成果优异可以得到奖赏。这极大地促进了火炮的制造与炮兵的准确性,令后来的神圣罗马帝国能一直作为欧洲的屏障,让奥斯曼帝国一直无法进入欧洲腹地做出了重大贡献。

17 世纪开始,哈布斯堡王朝开始了军事改革。主要原因是因为 1631 年神圣罗马帝国与瑞典的战争中,第一次体会到了瑞典新战术与新武器结合的优势,所以照搬荷兰与瑞典的军队建制与武器成为哈布斯堡王朝的首选。他们借用了哈布斯堡王朝的火器兵在 17 世纪后的军服,也借鉴了瑞典和普鲁士的军服特点,特别是普鲁士军服的特点,几乎只有颜色和简单的改变,其他则完全相同。他们的军服外套普遍使用白色或灰白色,即奥地利传统民族色作为标准色。这种外套制作原来来源于当地盛产的绵羊毛,不需染色,只要稍加制作便可以成为该颜色。他们的外套袖口根据官阶各自有不同的样式,普通士兵是没有翻口的,而军官是拥有翻口以及 1~3 颗扣子的。为了和其他军队保持一致,该外套也是长达膝部,不过在外套后面单独加了一个开口,也就是现代西服在背后的开口。有很多人不知道这个开口的来历,其实这个开口就是伸出佩戴的剑用的。一般 17 世纪后的哈布斯堡王朝军队除了使用燧发枪,每人还配有一把剑,该剑佩戴在内部棉衣上,但因为过长会使外套撑起,直到被捅出一个口子,制服就彻底废了。为了解决这个问题,便将外套加了这个特殊的开口。另外,该外套还有大大的翻领,这是和奥斯曼人学的。因为长期与奥斯曼人的拉锯战,奥斯曼的军服传统也被奥地利人学到,并用在了军队装束之上。

军队的构成

公元10世纪开始,欧洲各国已经进入了完全的封建制时代。在欧洲的封建制即一层层效忠的制度。大领主们向国王效忠;小领主们向大领主效忠;之下又有各个爵位、骑士、绅士与农民层层效忠。国王会分给功臣们和领主们土地,然后领主们再一层层往下分,从而建立了等级森严的封建社会组织结构。

受到国王领土赏赐的人,必须要承担得到领土的义务,那就是在国王需要时随叫随到,更准确地说就是记得要平时上缴赋税和战时提供军队。一般来说,哈布斯堡王朝统治的神圣罗马帝国境内的军队早期除少量王室侍卫和王室骑士外,几乎都是由国王们临时组织,国王们摊派给大领主、大领主摊派给小领主……如此一直摊派下去,最终可以获得一支虽不完全可靠,但数量绝对庞大的军队。一般来说,该军队会包括重装兵士、职业兵士和轻装步兵骑兵等。无论重装还是轻装部队都具有骑士、步兵。其中骑士是属于骑士阶层,很多都受过骑士教育,并代代相传。骑士的侍卫一般由骑士的兄弟或大农场主领有。早期哈布斯堡王朝的骑士都是持冷兵器长枪,但后来逐渐发展到可以持热兵器的长枪。而哈布斯堡王朝的步兵和弓兵则大部分来自农民,他们要自备武器和装备,并在领主们的威武旗帜下战斗。这种没经过任何操练的军队的战斗力可想而知了。在1500年之前,西欧各国的军队也的确并不存在所谓的国家军队。如1422年的胡斯战争,神圣罗马帝国的军队在对方几千人的进攻下就显得毫无章法可言,最终只能被动挨打。

从13世纪起,瑞士的雇佣兵式组织慢慢扩散到整个欧洲大陆。瑞士是世界上第一个联邦制国家,国家内的各成员都具有社区意识,对自己的一亩三分地的保护欲极强,因此便造成他们战斗力强大,而且只要给钱就可以为对方卖命。这样的雇佣兵正受到各国君主的喜爱,特别是法国这种以大陆制霸作为主要目标的国家,更是愿意出大价钱雇佣他们。到 15 世纪初,瑞士已经发展出了严密的军队操练体制,而且在伯尔尼还专门出现了培养这类人才的基地。当时的法国正在积极实行大陆霸权,专制帝国的影像正在凸显。为了在对外战争中,特别是对英国的战争中获得胜利,法王经常大力出资邀请瑞士雇佣兵一起打仗。而这时,哈布斯堡王朝统治下的神圣罗马帝国也逐渐进入历史上最辉煌的时期,对外用兵迅速增加,而永远是临时集中的士兵已不足以供应需求。因此于 1486 年,神圣罗马帝国皇帝马克西米利安一世开始采用瑞士的办法,建立了德意志雇佣兵部队。

该雇佣兵部队组织完全复制了瑞士连队的做法。当神圣罗马帝国皇帝下发诏书的时候,各地的司令官或军阀就必须马上自己组织雇佣兵军队。这些组织来的雇佣兵应该按照自己的等级位置向上一级表示誓死效忠,同时他们又必须全部效忠于马克西米利安一世。从这点上可以看出,该部队是欧洲早期的正规军队,只效忠于国王。如果其他国家雇佣他们攻打时,他们将会拒绝请求。

英法百年战争结束后,法国君主势力强大,急于扩张。由此,神圣罗马帝国的哈布斯堡王朝与法国的瓦卢瓦王朝进行了旷日持久的战争。他们将火枪兵与长矛兵的组合发挥到了极致。在这一时期,人们认为火枪兵与长矛兵就像一对兄弟,它们只有在一起才能发挥最大的作用。因此在哈布斯堡王朝的引领下,各国纷纷采用火枪兵与长矛兵相结合的战术,从而形成了近代早期的军事战术。

一般来说,雇佣兵们会根据领导的酬金而分配到各个位置。其中,领到双倍酬金的会被分配到 3 行长矛兵、戟兵或双剑兵部队中,他们位于军队的外围,形成一个坚固的堡垒型阵形。普通火绳枪兵会被分为 3~4 个小队,排在他们的左右侧。火绳枪兵要根据敌军进攻速度和方向进行射击,尽可能多地将对方的有生力量消灭。当敌军逼近时,他们会躲到长矛兵方阵中,与长矛兵一起对敌人发起进攻。

尽管这些雇佣兵专业战士大大增强了神圣罗马帝国的战斗力,但随着时间的演进,这些雇佣兵也开始为钱卖命。经常在其他国家国王钱财的邀请下,自己人与自己人对垒,甚至于在战场上因为钱财的原因,邻居也会成为世仇。因此,在近代德国才会产生了一系列的发酵反应,快速统一、快速对外扩张、快速发展各种经济和科学等。但至今为止,德国境内的各州仍旧各自为政,因为1 000多年的分裂,不是一时半会儿就可以愈合得了的。

三十年战争后,哈布斯堡王朝改变了军队方式。因为在战争中他们发现,政治和宗教必须脱钩,在马克西米安一世的时代,宗教是可以与政治一起将军队束缚在皇帝的身边,而成为国家机器的重要组成部分的。但现在新教的出现,造成了宗教混乱,大部分士兵已经不再笃信天主教,而是去信奉新教,宗教脱钩的时代已经来临。由于神圣罗马帝国境内大部分都是各自为政的邦国,所以指挥官必须能承担起责任,为士兵们下达合适的律令,让军队纪律严明,即使是军队由各类宗教人士组成,但最终他们还是会因指挥官的原因结合在一起,上阵杀敌,从而建立新的功勋。

在17世纪末到18世纪,哈布斯堡王朝引入了团和连等军队编制,燧发枪兵大量增加,并也有了顶替长矛兵的势头。直到18世纪,刺刀的引入终于将长矛兵团剔除出军队体系,他们的地位全部由燧发枪兵所替代。

与此同时,帝国议会被重新提出,从17世纪中叶开始,帝国会议经常举行。这一会议虽然不能让普鲁士和奥地利无止境地对外扩张,但是却也给了诸小邦参与帝国大事的机会。在会议上,哈布斯堡王朝确立了征兵制与雇佣兵制相结合的军队征集办法。因为帝国邦国众多,所以哈布斯堡王朝并未采取强制每20户征兵的方式,而是自愿入伍,如果哪个家族有人愿意入伍,便可以得到国家给予的土地与钱财,这对于当时刚经历过战乱的人们来说,绝对是最好的选择。同时因为德意志雇佣兵众多的原因,即使是没人入伍,哈布斯堡的军队也绝对够用。不过因为战争的原因,法国人和奥斯曼人是排除在外的。

正是这种新式兵役制,让哈布斯堡王朝统治的地区在18—19世纪打赢了一场又一场的战争。到拿破仑战争时期，奥地利开始使用民兵与预备役部队。主要是因为法国在欧洲一枝独秀，各国反法联盟几乎都没有任何建树，为了保证军队人员源源不断地随时供应，奥地利只好也和其他国家一样，引入了民兵体系。

战 例 与 战 术

1525年，在意大利的帕维亚，发生了一场堪称欧洲火器发展史上里程碑式的战争，预示着骑兵时代的终结，这场战争就是帕维亚战役。战争的双方分别为神圣罗马帝国的查理五世（也称卡尔五世）与法兰西的弗朗索瓦一世。这两人都是在欧洲极负盛名的人物，堪称双雄。查理五世是神圣罗马帝国皇帝、奥地利国王、西班牙国王、西西里国王、那不勒斯国王和低地国家君主。他视法兰西王国与奥斯曼帝国为劲敌，多次与两个国家开战并多次取得胜利。他还曾资助麦哲伦进行环球航行和对美洲的开发。弗朗索瓦一世一般被后人称为大鼻子国王，是法国开始实行君主专制制度后的第三位国王。在他在位期间对外发动了多次对外战争，甚至还资助美洲探险和征服；对内则大力庇护文艺类人才，将法国文化推上了一个顶峰。

帕维亚战役其实是法国与哈布斯堡意大利战争（也称哈布斯堡——瓦卢瓦战争）中的一部分，战争一共打了65年（1494年—1559年），最后以法国失败告终。在16世纪初，哈布斯堡王朝统治下的神圣罗马帝国混乱不堪，诸侯和骑士们纷纷互相征伐。可是在哈布斯堡家族在欧洲事务举足轻重的光环照耀下，这些黑暗几乎都不曾被人所发现。法国在一直准备着他的意大利攻略，而哈布斯堡王朝则基本完成了对法国领土的全面包围。虽然哈布斯堡王朝的军队对法国的意大利攻略一再阻挠，尽管战争打得艰苦卓绝，但在1524年，法国还是在帝国军队撤退时占领了米兰。这时，另一支神圣罗马帝国的军队正准备增援米兰，当听到米兰失陷的消息，他们立即折回队伍开向帕维亚。在教皇的支持下，法军希望扩大战果，便将军队也转向了帕维亚。

1525年1月,帝国军队在帕维亚集结完毕,大致有2万人左右,由佩斯卡拉侯爵率领。弗朗索瓦一世的军队则至少有2.8万人。弗朗索瓦一世仗着军队人数多,将帕维亚团团包围,但因为此后佩斯卡拉侯爵的援军从外面突袭,让他们手足无措,只好暂时在帕维亚城外的米拉贝洛公园附近驻扎。就在两军对垒之时,突然天降大雨雪,法军大量士兵生病,甚至有6 000人发动了哗变。2月20日,神圣罗马帝国一支突击队突袭法军烧毁了部分法军营帐,让法军的军心更加涣散。这两次天灾人祸打击后,法国的雇佣军逃散了约有1万人,只剩下不到2万人还在围攻帕维亚。

陆地战

2月23日夜,趁着风雪交加,神圣罗马帝国大军突破帕维亚的法军围攻,强渡维纳沃腊河到达法军侧翼。仅仅一个小时内,帝国军队即到达法军驻扎的公园附近,同时还打开了一个缺口。这时,三声炮响从神圣罗马帝国军队中响起,帝国骑兵迅速冲入法军阵营,步兵与火枪兵以及炮兵都随后赶上。一切都没准备好的法军受到突然袭击,陷入一片混乱之中。意识到法军已成为困兽的弗朗索瓦一世只得先稳定军心,将自己的瑞士与德意志雇佣军分别调到左右翼,以加强军力。正当帝国军队势如破竹般向法军右翼冲击之时,竟然受到了法军大炮的攻击,原本处于优势的帝国军被打散,骑士们因目标较大,纷纷被火炮击中,一时战势忽然发生逆转。不过,很快帝国的炮兵和火枪兵就已经跟上,为骑士们进攻加强了火力。正当法军将大炮集结起来之时,帝国的军队已经冲到面前,许多仅仅开了一炮的法军大炮被缴获。在法军左翼,神圣罗马帝国的火枪兵遇到了法军的瑞士雇佣兵。手持长戟的瑞士雇佣兵尽管非常英勇,但在帝国的火枪兵扫射下,根本没到近前就被悉数消灭。见大势已去的法军纷纷逃散,连国王弗朗索瓦一世也跟着逃跑。但不幸的是,他却在逃跑途中被帝国军队所俘虏。作为败军之将,他签下了和约,保证放弃在意大利的权力。这场战争帝国以不足1 000人的损失消灭了近8 000名法军,充分显示了神圣罗马帝国军队的威力。

在这场战争中,两方原本作为中世纪主力的骑兵皆被大炮击败;步兵则全部被火绳枪兵击败。这场战役已经吹响了骑士时代结束的号角,之后的战争中,火器兵越来越多地出现在前线,而不再是处于一种配角的地位。这场战争中,两国仍旧以骑兵冲击为主导,但同时已经需要火炮与火枪兵配合。特别是在德意志雇佣兵接触到瑞士雇佣兵之时,火枪兵成了赌注的基础,让帝国军队稳操胜券。正因为这场战役,两个都发现了火枪兵的重要性,开始积极发展和研究火器。也就在这场战争之后,查理五世的实力如日中天,这让他说出了一句著名的话,那就是:"在我的领土上,太阳永不落下。"

一个半世纪后的1683年,哈布斯堡家族又进行了一次改变世界走向的战争,这次战役称为卡伦伯格战役。

前一章我们说过,奥斯曼帝国在其全盛时期曾经进行过3次对匈牙利的围攻,其中1529年奥斯曼帝国对维也纳进行了围攻,虽然是无功而返,但之后奥斯曼人还是继续着与哈布斯堡家族的战争。

时间到了1664年,哈布斯堡王朝的雷蒙多·蒙泰库科利率领军队打败了奥斯曼人的军队。奥斯曼与哈布斯堡王朝订立了一份20年的和约,之后奥斯曼人将视线转向了东部的乌克兰与波兰。而哈布斯堡王朝也腾出手开始与法国国王路易十四进行旷日持久的战争。

就在20年快要结束的1683年之时,一个事件使两国战事再起,这件事是由特兰西瓦尼亚亲王伊姆雷·托克利而起。伊姆雷·托克利本是哈布斯堡王朝皇帝利奥波德一世的封臣,曾经对哈布斯堡王朝表示效忠。但是在前一年即1682年,一支奥斯曼军队因为要进行波兰的战争进入匈牙利境内,亲王发现其军队众多,武器精良,所以便产生了向奥斯曼帝国称臣的想法,且开始付诸实行。

穆罕默德四世见这是个扩张领土的好机会,便将大量奥斯曼军队派往匈牙利,到1683年上半年,匈牙利的奥斯曼军队已达12万。而哈布斯堡王朝此时能抵御奥斯曼人的军队仅有3.5万人而已。对于强大的奥斯曼军队,利奥波德一世没有任何胜算,便向德意志各邦请求支援,可大家都疲于内战,没兴趣帮助他。最后还是在教皇的帮助下，波兰新国王德·索维耶斯基同意出兵4万人，协助一起抗击奥斯曼人。

1683年6月，穆罕默德四世的大维齐卡拉·穆斯塔法·科普律鲁率领军队向维也纳进发。7月7日，皇帝利奥波德一世留下厄恩斯特·冯·斯塔赫姆伯格伯爵率领1.6万守军守卫维也纳，自己则带着皇室逃到了远在百里之外的林茨。7月14日，穆斯塔法军队将维也纳团团围住，并抬出巨炮，对维也纳进行猛烈轰击。同时，奥斯曼军队也开挖战壕，准备迎接即将到来的哈布斯堡王朝联军。

从7月到8月，利奥波德一世一直在募集军队，在经过半个月时间的斡旋后，终于在帝国议会上得到了东部各邦的协助与数万的军队，西部各邦因为与法国进行战争，所以无法脱开身。8月初，洛林、巴伐利亚和萨克森募集到了5万军队，再加上波兰因时间太短，只募集到的2.5万军队，组成了一支7.5万人的联军迎击奥斯曼军队。

9月上旬，联军渡过多瑙河，来到维也纳西北部的维也纳森林驻扎。洛林公爵与波兰国王经过慎重分析后，发现奥斯曼军队已经到达进攻的极限，应该有些疲惫不堪，所以他们绝对不可能放弃围城，因此最好分散骚扰以最快达到解围的目的。制订好计划后，军队兵分三路。左翼为神圣罗马帝国诸邦军队，约5万人，从多瑙河向维也纳开进，中间为洛林的4500步兵，用以吸引奥斯曼人进攻；右翼则为波兰骑兵与步兵混编的2.5万军队。奥斯曼的穆斯塔法也确实小看了这支军队，认为仅派3万人就足以打败联军。因此他派布达总督易卜拉欣·贝伊率领军队前去抵御，自己则继续围攻维也纳。

9月12日晨，两军相遇。易卜拉欣指挥军队稳住向前，试探洛林公爵率领的帝国军左翼，步兵与火枪兵同时向前，希望能逼退联军。但随着之后萨克森与奥地利军队的加入，奥斯曼人火力明显不够，只好开始后退。这时，联军炮兵开始向奥斯曼军队倾泻炮弹，将奥斯曼军队的阵脚打得非常混乱。奥斯曼军队被迫转向完全防守。而另一部分奥斯曼人引以为豪的骑兵部队也出现了问题。本来奥斯曼人有数万骑兵部队，战斗力极强，但这天恰好大部分骑兵正在维也纳南门进行冲击，易卜拉欣仅有很少军队可以派遣，使原本的精锐反倒成了累赘。对此，哈布斯堡王朝的军队仅仅防御就解决了。

中午,哈布斯堡王朝联军开始反攻。波兰人使用其最精锐的轻骑兵与火枪骑兵进行冲击,多次冲击到奥斯曼军队之中,不过一直受到奥斯曼骑兵的反攻,并未获得任何成效。但下午时分,奥斯曼军队与洛林公爵接战的军队开始溃散,影响到了正在相互进攻的骑兵部队。波兰军队的进攻使奥斯曼骑兵顿时大乱,开始溃散。

下午,洛林、巴伐利亚与萨克森的军队突破奥斯曼军队抵抗,突然出现在围攻维也纳的军队背后。在战壕中的奥斯曼军队一时不知所措,相互踩踏使一些军队产生了混乱。接着,波兰军队也加入了对奥斯曼围城军队的打击之中,奥斯曼军队不得不开始撤退。维也纳的围城由此解决,穆斯塔法则率领残兵败将回到了首都。当年的圣诞节,按照穆罕默德四世的命令,穆斯塔法被斩首。

这次战争是一次合作战争,虽然联军并不完全齐心,而且政由多出,但在战斗中各军队的联合进军以及迅速填补空白,弥补了前面所说的问题。同时,也因为奥斯曼人对联军的轻视,使联军获得了决定性的胜利。奥斯曼军队自此以后再也无法进入中欧,同时也进入了衰落时代。

水战

11世纪后,基督教在欧洲的势力达到顶峰,但他们的穷奢极欲也达到了顶峰。为了转移民众视线,教皇多次组织著名的十字军东征。十字军东征结束后,奥斯曼帝国崛起,完成了阿拉伯人没有完成的事业——干掉拜占庭帝国。在这之后奥斯曼帝国的下一个目标就是伊比利亚半岛,因为那里曾经也是穆斯林的土地。但也就在拜占庭帝国灭亡的前后,西班牙和葡萄牙也完成了伊比利亚半岛的收复。西班牙军队在长期的战争中,积累了大量军事经验,虽然在意大利战争期间,曾与奥斯曼帝国有过小的交手,但两国都没有什么损失。而到了1571年的时候,机会终于来了。西班牙的海军可以在战争中与奥斯曼帝国一决高下,这次战役就是著名的勒班陀海战。在这场战争中,西班牙人首次使用了单式甲板帆船配备重型火炮的战舰,利用坚固的战舰炸沉或撞沉军事实力不在西班牙之下的奥斯曼军队,取得了前所未有的战绩。他们也让奥斯曼人对欧洲的进攻暂缓,保卫了欧洲西部边疆的完整。

在15—16世纪哈布斯堡家族与法国瓦卢瓦家族争霸之时,奥斯曼帝国的苏莱曼大帝经过3次海战,已然将2/3的地中海区域掌握到自己手中。因为在意大利战争中他们与法国结盟并未得到亚平宁半岛,所以他们便打算将穆斯林曾经的领土伊比利亚半岛收为自己所有。因此,奥斯曼人自称是收回安拉的故土,如果参战,每个战士都能得到安拉的祝福,并在死后升入天堂。教皇则称,如果能参加对穆斯林作战的十字军,每个人都可以死后少受苦,甚至可以直接被提入天堂。在这期间,奥斯曼帝国便打了著名的意大利战争,虽然以失败告终,但他们并没有失去对欧洲进攻的强硬态势。

1571年,奥斯曼的海军突然到达威尼斯,他们在亚得里亚海四处巡航,表示将要对这些地方"提出主权"。在此之前的1538年。基督教国家曾派出联合舰队在希腊的普雷维萨海峡大战,最终结果是奥斯曼帝国全胜,塞浦路斯完全处于奥斯曼帝国包围之中。由于有了这次大捷,奥斯曼人认为下一次的海战必将获得更大的成功。

威尼斯作为一个传统上的商业国家,一方面要与奥斯曼有商业联系,不能撕破脸皮;而另一方面又要不让奥斯曼帝国领土扩张到中部欧洲来,所以一直处于两难地位。而在普雷维萨海战中,奥斯曼帝国的力量已经到达亚得里亚海,即威尼斯的家门口,一切外交途径已经不再管用,剩下的就只有战争了。

这次奥斯曼帝国派出的军队是由海战经验众多的帕夏阿里率领,战舰共286艘,其中包括划桨船水手1.3万人,士兵3.4万人。为了保卫基督教欧洲,教皇号召各国打一场对奥斯曼帝国的战争。最后募集到西班牙、意大利、威尼斯、教皇国、热那亚和马耳他骑士团的联合舰队212艘战舰,这其中还包括6艘秘密巨型战舰以及1.3万名水手与2.8万名士兵。总指挥为西班牙国王的私生子唐·约翰。

16世纪中叶时期,奥斯曼帝国的战舰一般分为两类,即划桨船与桨帆船。划桨船主要动力是划桨手,划桨手处于船的两侧,每人一支桨,用桨推动船的前、后退和转向。桨帆船则可以轮换使用划桨与风帆动力,比划桨船要先进得多,但在大型战争中还是需要人力划桨。两种船只基本都在20~30米长,5~6米宽。而基督教国家联合舰队的战舰与奥斯曼帝国的战舰相比也差不了多少,也是由划桨船与桨帆船组成,甚至这些战舰要比奥斯曼帝国的战舰还弱一些。船只仅有奥斯曼帝国战舰的2/3大。再加上各国都打着各自的小算盘,舰队虽大,但却远比不上奥斯曼帝国的战舰。也正因为如此,1538年奥斯曼帝国才会打败两倍于己的联合舰队。

不过,威尼斯却掌握着一个秘密武器,那就是威尼斯造船厂造出的混合战舰加莱赛战船。该战舰据说来自某个威尼斯工匠的拍脑袋想法,将本身用于装载货物的货船改装成可以携带火炮的大型混合战舰。该战舰长度约为49米,宽度为12米。每只船有76支桨,每只桨至少4人才能划动。该战舰为了防止敌人登船,制造了高高厚厚的船舷,就算是奥斯曼最强力的火箭也不能穿透。为了支撑火炮的重量,本来的单层甲板船也已变成双层甲板船。该战舰上可以载50~70门大炮。包括10门大型火炮、20门轻型火炮和20~40门装在船舷上,用以打击地方登陆人员的旋转炮。在甲板上方,是3张极其庞大的风帆,扩展起来每张可以达到数百平方米。不过因为制造过于艰难,所以仅仅制造了6艘而已。

1571年10月7日,在佩雷特湾两军舰队相遇了。在这次作战中,联合舰队分列成四部分作战,由南向北分别为53艘威尼斯划桨船、唐·约翰的62艘划桨船、热那亚的53艘划桨船以及在他们后方的38艘划桨船预备队。其中前三部分舰队每支又有两艘加莱赛战船。奥斯曼舰队由北向南分别为52艘划桨船与6艘快速划桨船、阿里帕夏亲自率领的61艘划桨船与32艘快速划桨船、63艘划桨船与30艘快速划桨船,他们后面是8艘划桨船、22艘快速划桨船以及64艘福斯特船组成的预备队。为了使划桨的速度更快,阿里帕夏找来了很多基督徒作为划桨奴隶,并告诉他们如果能取得胜利,他们就可以自由。

当奥斯曼帝国舰队见到基督教联合舰队后,立即排成横向进攻阵势朝着联合舰队快速行驶而来。被奥斯曼人吓怕的欧洲人都希望赶紧逃跑,不想再像这几十年一样,被奥斯曼人打得大败。唐·约翰不以为然,先命令升起一面"教皇保佑"的旗子,然后要求各舰队司令准备迎战。

由于有了唐·约翰的命令,各舰队司令便开始迎击。在战斗一开始,联合舰队的左翼与中央的加莱赛战船便成功击沉了几艘正在迅速前进的奥斯曼帝国舰队。这一办法立刻令奥斯曼帝国舰队乱了阵脚。但是,奥斯曼舰队的左翼指挥官突然调开了南面的船只,准备迂回到联合舰队后面进攻。与此同时,两军的北部两翼,即联合舰队的左翼与奥斯曼舰队的右翼近距离接触,开始近距离火炮战斗。其中,奥斯曼占有优势的是火炮,可以远距离击杀敌人。而联合舰队具有优势的是火枪兵,因为当时在海上奥斯曼人还没有组织起有打击力度的火枪兵部队,而是以弓箭兵作为主要兵员结构。可没有多久,奥斯曼舰队部分战舰竟然出现在联合舰队左翼的后面,在一群弓箭手的箭雨袭击下,联合舰队左翼指挥官阵亡。令人惊奇的是也就在前后脚的时候,联合舰队的火枪兵居然也打中了奥斯曼舰队右翼的指挥。一时两军开始处于胶着状态,互相开始了包围与登船战。

约在中午刚过时分,两军总指挥的中央舰队出现战斗。两军的旗舰在战斗中接舷。这时,唐·约翰命令火绳枪兵立刻向对方旗舰发射,在密布的火枪声中,奥斯曼帝国总指挥阿里帕夏被击中身亡,船只上的士兵也被大量射杀。因为主将的身亡,奥斯曼舰队已经没有战心,纷纷向联合舰队表示投降,而为奥斯曼人划桨的基督徒们更是愿意加入联合舰队的队伍一起打击奥斯曼人。到下午2时左右,奥斯曼右翼和中央部队都被联合舰队打败,只剩下左翼还在孤军奋战。奥斯曼舰队左翼指挥官见势不妙,立即指挥舰队撤退。到下午4时,整个战事结束。联合舰队取得全面胜利。

在这场战争中,奥斯曼舰队损伤大半,即使是逃回去的100余艘也多数受到重创。正是因为这次战斗的胜利,各基督教国家发现原来奥斯曼帝国也不是不可战胜的,便积极发展各自的军事力量,以抗衡奥斯曼海军,奥斯曼帝国在地中海的霸权走到了尽头。

这次战斗是划桨战船作为主力的最后一次战争,因为在战争中人们发现帆桨船的机动性远远高于划桨船,而且加莱赛战船也被人们认为是未来战争的主打战舰,所以造成划桨船的全面退出历史舞台。同时,在战争中,西班牙军队大量使用火炮与火绳枪兵,使欧洲各国也见识到了火器兵在海战中的重要作用。这使得后来的帆船舰队越来越成为主流,而船载火炮的开发也被欧洲各国提到议事日程之上,为未来的海战竖了一根标杆。

第四章　西班牙帝国火器兵

提起西班牙中世纪的历史,可以说几乎所有时间都是在内斗和收复失地中进行的。与拜占庭帝国所处的位置相似,它位于欧洲最西端,是另一个抵抗伊斯兰教入侵的地方。尽管穆斯林的铁骑曾经到达西班牙的最北——比利牛斯山脉,但因为铁锤查理的战争,在这片山区还是留下了部分基督教国家的影子。公元 1000 年,纳瓦拉国王桑乔三世即位,在他在位时期合并了 6 个基督教伯爵领地,并开始了西班牙的反向再征服。他死后,他的三个儿子分别称为卡斯蒂利亚、纳瓦拉和阿拉贡国王,自此后的日子里,三国分别作为前锋,在 500 年的时间里,将整个伊比利亚半岛再次夺回。

1031 年,科尔多瓦酋长国灭亡,大量信奉伊斯兰教的"泰法"在其土地上重新崛起,这些建立"泰法"的人就是摩尔人。罗马教皇发现这些小王国恰好可以作为基督教国家在最西面重新夺回失地的前线基地,所以教皇组织的一场被称为"雷康斯达"的收复失地的战争便打响了。在战争中,卡斯蒂利亚和莱昂两个王国一直都在将自己的国家边界向南推。100 年后,原本最强的纳瓦拉王国反倒变得仅剩下很小的土地,其他几国则变得越来越大。而另一个新国家葡萄牙则对伊比利亚半岛的夺回失地运动并不感兴趣,他们转而将自己的眼光落到非洲。

当卡斯蒂利亚的阿方索六世占领了托莱多后,基督教国家才领略到伊斯兰国家的科学远超过基督教国家几个世纪。此时各基督教国家知道了自己的不足,便逐渐学习起阿拉伯文化。先进的阿拉伯文化使伊比利亚半岛的各国科学文化水平持续上升,并开始逐渐超过欧洲其他地区,从15世纪开始,欧洲各国反而将西班牙宫廷礼仪奉为圭臬。1469年,卡斯蒂利亚女王与阿拉贡王储联姻,西班牙正式统一为一个国家。

在14世纪初之时,在伊比利亚半岛的阿拉伯人从遥远的东方带来了先进火器武器"马达法",即阿拉伯炮。1325年,在西班牙与阿拉伯人的巴萨城战争中,阿拉伯人首次使用了这种武器。据当时的西班牙人记载,马达法可以发出具有雷声的火焰,杀伤力极强,西班牙的骑兵和步兵经常受到该武器的攻击而动弹不得。不过也确实从14世纪开始,西班牙人逐渐认识到了火器武器的威力,所以不惜一切代价要得到马达法,当缴获后马达法他们便开始了自己的火器武器研究。无独有偶的是,200年后,西班牙人征服美洲之时,曾经用船上的大炮轰击森林,致使500亩森林化为焦土。而当时住在那里的印第安人也认为是巨大的雷声,并没意识到这是一种新型武器。

此后,西班牙根据这种架在木架上的火炮与哈布斯堡王朝的火绳枪进行融合,制造出了著名"穆什克特"火枪。在之后的意大利战争与征服美洲时立下了汗马功劳。这时,西班牙成为历史上第二个"日不落帝国"。

与火绳枪的使用同时,西班牙人还开始制造一种叫佛郎机的大炮,在1500年开始的西班牙、葡萄牙对外扩张中也起到了决定性作用。该大炮是一种后装炮,所谓后装炮就是从炮管后面装填火药的大炮。它可以抵消从前面装炮弹和火药的不安全性,直接从后面放好炮弹直接射出即可。而且该大炮具有炮耳,能上下左右调整大炮的方向,使大炮的机动性远远增强。

在西班牙的美洲征服中,往往都先用佛郎机大炮轰击,当原住民受到惊吓时,即用弓箭手与火枪手进行攻击,往往数百人就可以战胜数千人。

明朝后半叶,葡萄牙人将该武器带到中国,形成了该炮的另一个变种——神机炮。其实这种炮就是一种改造了的野战炮。不过在中国该炮却抛弃了移动,便成了绝对的固定炮,该炮在中国和欧洲的发展完全走向了两个方向。

武器与装备

在火器的制造上,西班牙利用与哈布斯堡家族关系密切的便利,得到了神圣罗马帝国的各种火绳枪制造方法。不过,西班牙人认为这些火绳枪不够精良,且都不足以对敌方产生更大的杀伤作用。所以,西班牙人在1521年利用燧发枪技术,特别研制了一种名为"穆什克特"的滑膛枪。该枪即著名的"喇叭口火枪",长1.5米,口径2.3厘米,弹丸重50克。其弹丸比哈布斯堡王朝时期的火绳枪子弹要重一倍,所以枪总重8~10千克,拿起来非常重。不过它的射程达250米,所以才会被西班牙军队经常使用。最初常架在木架子上射击,后来减轻重量,可以由士兵手持射击。

1510年,西班牙国王费迪南二世建立了欧洲最早的火枪兵部队,每名火枪兵装备一支火绳枪、一个装弹药的牛角器和一条长带。长带缝着具有额定容量的口袋12个,其中11个口袋装发射药,1个口袋装引火药。当时,由于处于初创阶段,所以火枪兵部队只占整个军队的10%左右。该军队的成员穿戴见后。

西班牙开创了著名的大航海时代,西班牙的军队有史以来第一次将火器带到了世界的各个角落,亚非欧几乎都有他们的脚印。特别是新大陆的发现,让西班牙人可以在其他欧洲国家无法涉足的地方进行自己新武器的研制和使用。这样做的结果就是一方面火器为西班牙的征服带来了极其便利的条件,因为他们所征服的大部分属于土著民族,还不具有欧亚旧大陆这样先进的技术。另一方面西班牙人也在地球的各个气温带,即热带、亚热带、温带、寒带等各地区对火器进行了试用试验,发现了不少火器不适应天气状况的问题,从而为未来火器的发展做出了极大的贡献。

西班牙征服者是西班牙的特殊部队,曾在美洲所向披靡。那时候大约是1500年前后,正处于大发现时代的中间时期。西班牙征服者一般包括三种部队,分别为火枪骑兵、剑士和火枪兵。他们所使用的武器与在西班牙使用的武器大致相近,不过他们的穿着却与欧洲的兵种不尽相同。其中,火枪骑兵穿着的盔甲一般长度为身体的 3/4,盔甲会被涂黑,以抵御中美洲地区炎热的气候所造成的铁器生锈问题。火枪兵最开始使用的是和西班牙本土完全一致的装备,但到了新大陆后,他们也开始慢慢改变,首先是抛弃了长筒袜,继而开始穿着当地人常用的短裤与凉鞋,以得到更轻便更舒适的感觉。

另外,因为西班牙所处的地理位置与葡萄牙一样都在欧洲的最西端,而且有比利牛斯山将它们与欧洲各国分开,所以它们不可能进行法国和哈布斯堡王朝的大陆争霸,也不能进行英国的走着瞧方式,它们唯一的办法就是在海上扩张。因此,舰船也就成了西班牙加入欧洲争霸战的最得力武器。

有船了就不能没有炮,西班牙人在船只上安装的就是佛郎机大炮。该大炮直接来自对"马达法"的仿制。因为该炮的稳定性与杀伤力巨大,所以仅仅几年后就被各国所仿制,因此也出现了许多变种。

西班牙人常用的佛郎机一般有三种,即普通佛郎机、后装蛇式佛郎机和手射佛郎机。今天在世界各地的博物馆中仍旧能看到这些佛朗机的原型,只不过大多数已经无法再使用了而已。

军队的构成

从 15 世纪末,也就是西班牙完成统一后,西班牙军队即成为欧洲各国军队的范例和楷模。此时的英法两国尽管已经出现了职业化军队,法国更是出现了最早的常备国家军队。但比起连续战斗了 500 余年的西班牙军队,完全就是小巫见大巫。

在收复失地运动期间,西班牙军队的来源之一是城市的民兵与贵族武装部队。到 1450 年西班牙统一后,西班牙军队逐渐强大起来,民兵成为步兵与弓兵的主要来源,而骑兵与火枪兵成了贵族武装的专利。1490 年,第一支西班牙常备军建立。这时期,西班牙军队中的火绳枪兵占到军队总数量的7%。而到了1567年,火绳枪兵则占到军队士兵的60%,加上枪骑兵,已达到70%强。也就在16世纪,因为查理五世的暂时"统一",西班牙军队出现了另一组成部分,即雇佣兵军队。

这些雇佣兵主要是来自意大利的散兵火绳枪手,以及德国的长枪及火绳枪雇佣兵。甚至在1512年还有一种秘密武器,大约30到100辆双轮的战争用推车,上面装着2到3门比较重型的火绳枪,以及一根长矛和长镰刀式的武器对准正面,在后面则有一个5英尺长的杆用来让人推动。这种东西可能设计出来是用来阻拦步兵或者骑兵的进攻,但这些早期的"坦克"应该并不成功,因为它们只用过一次就被放弃了。

1500年以前,西班牙军队主要是步兵占统治地位,而因此也于1534年创制了最著名的西班牙方阵,方阵由步兵与火绳枪兵组成。1534年,西班牙创造了方阵历史上的最后绝响——西班牙方阵。该方阵分为5个方阵,其中中间大方阵主要为长矛兵,仅在四周配备一排火绳枪兵或滑膛枪兵,四周有四个小方阵,都由火绳枪兵组成。该方阵总人数约为3 000人,长矛兵10个连,每连219人;火绳枪兵2个连,每连224人。12个连中每个连抽出15~20人发给滑膛枪,约有200人会成为新式滑膛枪手。由此可看出,火器兵在当时约占到方阵的10%。但到了1550年"穆什克特"滑膛枪出现后,滑膛枪兵与火绳枪兵的数量已达到33%,而滑膛枪兵占到多一半。

16世纪前期,火绳枪手一般都戴着小圆帽头盔,这个与我们所知的不同,大家都认为西班牙人应该集体都戴着那种西班牙式的高顶盔,其实不然。另外,火绳枪兵还有胸肩甲和简短的腹甲。16世纪早期,他们在裤子外有长袖束腰外衣,外加软鞋,肩膀和手肘可能有很好的保护,也可能根本没有任何盔甲。同样的,长枪手形象可能和他们类似。

16世纪末叶,火绳枪手的帽子开始出现了变化,出现了天鹅绒帽与圆顶礼帽以及毡帽。后来,火绳枪手还会配备子弹带,并身着装饰华丽的皮带以及沉重的弹丸瓶和滑膛枪支撑架。有时,他们也会在锁链衣甲外穿着束腰外衣,还有一些会使用皮带和华丽装饰过的意大利式盔甲,这种情况在美洲最为普遍。

这一时期,西班牙军队火器兵穿的军服无一例外是白色羊毛的束腰大衣以及风帽,袖子上半束得很紧但是在手肘处宽松开,在胸前和背后都有一个红色十字。长裤(可能都是很紧的裤子)也是红色的,还有布鞋或者凉鞋。头盔主要是小圆帽式的,这种式样在此时的西班牙很流行(实际上,它始终都这样流行)。另外,我们可以看到这些人最大的特点就是在腹部填充着大量的衣服。在那一时期,这种造型非常流行,因此在军队中使用这种军服形式也就成了一种特色。

16—17世纪,西班牙军队中的弓兵、弩兵与火绳枪兵的数量经常互换。主要原因是那时候正是西班牙军队对外扩张的最辉煌时期,而西班牙的最大扩张又大部分在美洲地区。阿兹特克、玛雅与印加三帝国以及大量美洲原住民族所在的地区经常是湿润天气,使铁质的火枪经常生锈变得无法使用,而弓弩则没有这个问题,反倒成为在战争中的主力兵种。

不过,对于骑兵来说,火绳枪与滑膛枪却绝对是中世纪锤枪的最好替代品。1525年左右,西班牙轻骑兵开始使用火绳枪与滑膛枪,并逐渐形成火绳枪骑兵与火枪骑兵。火绳枪骑兵主要用以配合支援火力,他们一般穿有轻便的皮革甲,很少穿着胸肩甲。他们强大的机动性,令对方的军队无暇还击。除此外,他们还佩戴一把剑,到了17世纪有的甚至还有一把转轮手枪。火枪骑兵绝对是一种重骑兵,他们穿着有胸肩甲,并进行冲锋。他们的主要目的是直接击打正面的对手,是使对方感到极其恐怖的主要力量。

在这里另外要说的一点就是,西班牙与荷兰的战争促使了荷兰的军事改革,而这场改革成了拿破仑战争之前所有欧洲国家军事制度和军事战术的标准。荷兰奥伦治亲王于1568年组织了一支雇佣军,希望能取得荷兰的独立。在战争中,拿骚的莫里斯发现自己国家的军队竟然80%强都是其他国家的雇佣军,包括英格兰人、苏格兰人、威尔士人、法兰西人、德意志人等,唯独荷兰人仅占很小的一部分。试想,如果西班牙军队再次来进攻,荷兰人将无法抵抗,刚到手的独立将统统化为泡影。对此,莫里斯经过深思熟虑后出台了《荷兰条例》。该条例要求不管是否雇佣兵,使用的武器完全统一标准,当时常用的长矛、长戟和火绳枪都必须完全一致。另外,过去的军队常备组织最大为团,每个团下分2～4个营,每个营由200名长矛兵与300名火枪兵组成。在战斗中,士兵采取横排式,即一排士兵全部是长矛兵或火枪兵。其中,火枪兵战术为第一行进行射击,射击完毕后退到最后一行装填弹药,然后第二行火枪兵跨出一步,进行射击,射击完毕后退到原第一排后面,如此往复,虽然赶不上拿破仑战争以后的火枪战术,但在当时已经是最先进的了。

但荷兰却因为之后的三十年战争赶上了好时候。因为当时的西班牙军队无疑是在欧洲仅次于奥斯曼帝国的最强大的军队,西班牙军队当时在西班牙本土、意大利、法国、低地诸国、爱尔兰、中南美洲,甚至是中国同时作战,虽然兵力强大,但尾大不掉地不可能立刻调派军队到某个地方。这对于荷兰来说,无异于一件好事。他们利用西班牙与其他国家的矛盾,在三十年战争后取得了独立。

1632年,西班牙方阵团被确定为15个,而原本应该有的火枪兵团却被取消了,各个团基本都是火枪兵与长矛兵兼具。这在一定程度上将西班牙军队的战斗力打了折扣。

17世纪30年代后,法国的龙骑兵也被引入西班牙军队之中。该骑兵除了具有以上两种骑兵的武器外,还每人配备有一柄弯刀,专门用来钩住敌人的马,为歼灭敌人赢得了时间。

17世纪开始,西班牙军服又有了一定的变化,这其中一个原因是因为各国的军服都趋向统一化、标准化,对于一个老牌对外扩张的殖民国家来说,与其他国家看齐以保证自己国家军队的先进性也就不言而喻了。而且,当时的西班牙正处于衰落时代,从军服上改革让大家重新获得力量也是一种不错的做法。这时候火枪兵的军服已经去掉了过去的那种显得臃肿的腹部填充物,而是改为白色亚麻衣物,宽松的长裤外套一双红色袜子,外面则是一套有填充的外套。他们的头盔也改变成了小毡帽。一般为了美观,在毡帽上还会有一些动物羽毛作为装饰。不过,他们唯一没有变化的就是胸前和背后还有那个红色的十字,以表示他们是西班牙军队。

战 例 与 战 术

15世纪末到16世纪初,西班牙式的战术开始在西欧各国成为典范。他们的方式最初是用纵队的方式,仍旧采用冷兵器时代的阵法,以阵法和大量的军队获胜。但实际战争中,他们发明了一种新式战术,即壕沟和防御工事。这其中最主要的原因莫过于当时的火枪兵太弱。当时的火枪比较原始,需要长时间的填装,而且还未发明刺刀,不能像长矛兵一样进行自卫,所以很容易被对方军队杀掉。而且因为火绳枪不能在雨雪天进行战斗,所以先进的武器在战场上反倒成了累赘。正因为这几个原因,西班牙军队发明了这种战术。

在意大利战争中,西班牙军队使用这种战术取得了一定的优势。一个原因是因为在意大利的军队很多都是城镇平民,他们在日常生活中习得了在防御工事后面进行战斗的方式,而且意大利的丘陵山地较多,河流短小,防御工事作战实为最佳战术。另一个原因是他们的敌人法国一直都仗着骑兵的优势,总习惯于发动骑兵冲锋,躲在防御工事后面的西班牙军队很容易就能将这些冲锋军队用冷枪干掉。如在1503年的战役中,西班牙军队便第一次使用了这一战术,并取得了决定性的胜利。当然,事情总是无独有偶。在200年后,这种事情又发生了一次,只不过这次换成了英国人与中国人。不过,法国人在吃了几次亏后,发现了这种战术的弱点,不再用骑兵冲锋,而改为法国最擅长的火炮攻击,反倒使西班牙人损失惨重。1524年,西班牙人改变了战术,不再使用完全的防御工事技术,而是进退结合。当法国人开始进攻时,留下工事直接退走,而法国人休战时再去工事后骚扰进攻。几次下来,将法国军队与瑞士雇佣兵弄得焦头烂额,最后酿成了法军的"塞西亚大溃败"。

陆地战

1503年4月28日,西班牙军队与法国军队在意大利的凯里格诺拉进行了一场战役,此战役第一次发挥了西班牙火绳枪的力量。这场战役的特点是西班牙人故意示弱,让法国骑兵和瑞士雇佣兵进攻他们的堡垒,然后再由火绳枪手一个个地将其击毙。在这次战争中,西班牙军队由科尔多瓦率领,有6 300余人,其中有1 000余名火绳枪兵,800名轻骑兵,其他除少部分重骑兵外全部是步兵。法国由公爵内穆尔率领,有9 000余人,其中1 100名轻骑兵、3 500名瑞士雇佣兵以及3 000余名步兵。16世纪初的西班牙,刚刚引入了火绳枪,但因为长期与阿拉伯人的战争,使其军队实战性更强,指挥也更得当。特别是有"大队长"科尔多瓦的率领,西班牙军队更加所向披靡。而此时的法国仍旧使用中世纪的骑士战术,在法国内穆尔公爵看来,法国骑兵和瑞士长枪兵仍旧是欧洲大陆中最伟大的士兵,即使是这次也不例外。可这次还就是一个例外,而且以后会一直例外下去。

战斗开始前,西班牙人占领了位于高地上的凯里格诺拉堡垒。他们首先将炮兵安放在山顶上的葡萄园,能从上往下俯视整个地区。接着他们又在山下挖了两串壕沟,第一串作为陷阱,第二串则让火枪手躲在壕沟内,等法国军队来临后,放冷枪击杀敌人。轻骑兵与步兵放在最前面,也就是陷阱的后面,用以引诱法国人,来削弱法国骑兵向前冲击的力量。法国人也有炮兵,而且比西班牙人更先进,所以他们凭借着炮兵的力量,希望能炸开西班牙军队的缺口。法国骑兵与瑞士雇佣兵仍旧是法国人克敌制胜的法宝,所以继续放在最前面,计划先由骑兵冲锋,然后步兵跟上。

战斗开始后,法国骑兵先行冲锋,西班牙人示弱后退。就在法国人认为胜券在握之时,竟然受到了西班牙火枪兵的攻击,但法国骑兵仍旧继续向前冲锋。没想到就在此时很多骑兵却掉在了西班牙人挖的陷阱之内,法国骑兵一时混乱不堪。此时,西班牙火枪手一个个地将掉在陷阱内的和停滞不前的法国骑兵一一击毙。法国人见势不好,便将瑞士雇佣兵调上,希望能扭转局势,但却受到了西班牙骑兵和步兵的阻截,无法前行。而西班牙火枪手也在后面纷纷用火枪射击,瑞士雇佣兵被打死大半,连法国指挥官内穆尔公爵居然也被击中。

随着时间的推移,法国的败势越来越明显。虽然此时法国人才想到应该让自己的火枪兵上场,可是已经太迟了。踌躇满志的西班牙军队已经开始冲锋,法国的瑞士雇佣兵则在有序地撤退。法国火枪兵只好退出战场,向后撤退到那不勒斯才暂时平息下来。

这场战争中西班牙人以 100 余人的损失使法国人损伤 4 000 余人,法国的大炮和物资几乎全部被西班牙人缴获。这场战斗奠定了西班牙军队此后 150 年的霸主地位,而且在这次战斗中,火枪兵第一次独立作战,发挥出了前所未有的威慑力。另外,这次战争的作战方式也被很多欧洲书籍记载下来。人们认为,火枪兵虽然防御较弱,但如果在其他军团的配合下,就能增强并发挥出无可比拟的战斗力。也就是这次战斗,让西班牙人开始研究出所向披靡的西班牙方阵。同时,这之后,西欧各国迅速发展起各类火器武器,在数十年间,将火器的制造和使用推上了一个新的台阶。

水战

葡萄牙的圣文森特角,注定是一个会出名的地方。这里是葡萄牙的天涯海角,即水手们离开大陆最后一个可以望见的地方。不过,这个地方的险要位置也注定了它会是各国必争之地。在这里曾经进行过至少 9 次海战,其中最著名的莫过于西班牙与英国在 1780 年和 1797 年的战役,这两次战役都是英国大获全胜,自此证明了西班牙的时代早已远去,英国才是海上的真正霸主。

只不过,我们这里说的并不是这两次战役中的任何一次,而是一场发生在 100 年前,西班牙海军还所向披靡时代的战役。这场战役也叫圣文森特角战役。

16 世纪,通过政治联姻,西班牙成为荷兰的主人。而后的时间里,西班牙为了维持大量的军费开支,从荷兰攫取一切物资。终于在 1566

年,酿成了荷兰人的不满,从而发动了八十年战争,即荷兰独立战争。本来西班牙拥有将荷兰重新收回的能力,但因为 1588 年与英国的海战,无敌舰队折戟沉沙,西班牙的荣光不再,只得与荷兰暂时签订合约,承认荷兰的独立。

但是,几年后即发生了三十年战争,不甘失败的西班牙将合约撕毁。从 1617 年开始,西班牙人重新建造起自己的无敌舰队。他们利用从新西班牙获得的白银,从新大陆及北欧获得的木材与建造船只所需的其他物品,在几年的时间内,重新让西班牙的舰队达到顶峰。

突如其来的是,法国也走上了称雄的道路,它们的海军力量蒸蒸日上。黎塞留为了使法国成为超越西班牙的最强大海上国家,在 1635 年与西班牙进行了一场海战。在这场战争中,西班牙与法国的大型舰只几乎全部损失殆尽,西班牙的舰队只好继续重新制造新的战舰。雄厚的财力,永远都是强硬的后盾,仅仅 4 年时间,西班牙又再次拥有了百余艘大型风帆战舰。而此时的荷兰正处于诸大国的包围之中,孤立无援,西班牙认为再次将荷兰收入囊中的时间到了。便于 1639 年挑起了唐斯海战。很不幸,这场战争却是一边倒似的令荷兰取得了大胜,西班牙铩羽而归。

对于这场战争,西班牙有外部原因也有内部原因,外部原因是荷兰人善于海上运动,而且风向不利,内部原因是葡萄牙的独立,令西班牙焦头烂额,抽不出更多的舰队予以支援。因此,西班牙人认为这次只是让荷兰获得了暂时的胜利,将来一定得找回面子。两年后,一场新海战又爆发了。这场战争发生在胡安·阿隆索·伊迪亚克斯指挥的西班牙舰队与阿尔图斯·吉赛尔斯指挥的荷兰舰队之间。

1640 年底,在荷兰与法国的支持下,葡萄牙爆发了起义,拉开了葡萄牙光复战争的序幕。荷兰和法国为了协助葡萄牙以削弱西班牙的力量,同意派军队和战舰一起进攻西班牙。荷兰从东印度公司调来安多尼奥·特勒斯·德·席尔瓦指挥的 16 艘战舰,另外再加上本土新制造的 30 艘战舰,这些全部由阿尔图斯·吉赛尔斯来指挥。荷兰委托他代表本国向葡萄牙增援,与葡萄牙舰队在西班牙西南角的城镇加的斯和萨卢卡尔附近海域会合。在路途中,荷兰舰队发现了一个阿尔及利亚的小武装舰队,错误认为是西班牙舰队,所以跟着偏离了航道,而来到了葡萄牙的圣文森特角附近海域。

此时,葡萄牙舰队正在与法国舰队会合。法国的布卢茨侯爵率领法国舰队来到葡萄牙海域附近,根据葡萄牙的要求,法国舰队到达亚速尔群岛,与葡萄牙隔海相望。他们寄希望于可以围歼西班牙舰队。可是偏离航线的荷兰人却在圣文森特角提前遇到了西班牙舰队。想都没想,吉赛尔斯就发动了进攻。很显然,这次进攻将荷兰舰队推到万劫不复的境地。

1641年11月4日,西班牙舰队唐·安德鲁斯·卡斯特率领的西班牙加里西亚中队、唐·马丁·卡洛斯·德·梅诺斯的那波利中队以及唐·佩德罗·德·乌尔苏指挥的大型帆船共23艘战舰正在附近海域巡逻,见到走错航线的荷兰人舰队,他们立即警戒起来,准备在中途拦截他们。

加的斯的海军长官休达伯爵胡安·阿隆索·伊迪亚克斯作为他们的首席司令,他命令西班牙海军舰队排成尖角状姿势迎敌。

荷兰人并未发现自己已经偏离航线,当他们的水手看到西班牙舰队准备战斗的状态后,才明白已经陷入了与西班牙舰队正面战斗的境地。逃离无望的阿尔图斯·吉赛尔斯立即命令舰队向前冲锋,用优良的大炮将沉重的西班牙军舰炸沉。可他根本不知道,西班牙舰队已经严阵以待很久了,就等他的进攻。

当荷兰人冲击之时,西班牙舰队并未行动。因为他们知道,自己的炮火远没有荷兰人先进。但西班牙沉重的大型帆船却不易沉没,所以可以经受荷兰人的暂时性攻击。当荷兰舰队进入西班牙舰队射程后,胡安·阿隆索·伊迪亚克斯才命令西班牙舰队开火,而且要专门打击荷兰人的旗舰与主要战舰。西班牙军舰的炮弹大量落在荷兰的重要战舰上,不一会儿,就有两艘荷兰战舰被炸沉,另有两艘损毁严重。

这时候,西班牙舰队本应向前,向剩余的荷兰军舰开炮或者赶走他们。可是胡安·阿隆索·伊迪亚克斯却并未前进,只是眼看着荷兰人撤退,顺便还将沉没船只上的落水水手救援而去。然后,他停止了攻击,率领舰队回到了加的斯。荷兰人也因为损失惨重,便未与葡萄牙和法国的舰队会合，就回去修理船只了。

西班牙国王菲利普四世听到这个消息后非常震怒，认为胡安·阿隆索·伊迪亚克斯这是一种卖国行为，本来应把荷兰人打败，甚至可以翻盘的战争竟然没有打下去。所以将参战的将领全部革职，等待审问。

因为唐斯海战的失败，西班牙人不再认为自己能打败荷兰人。虽然这场战斗并未对 1648 年荷兰完全独立产生任何影响，但其中有些战术也是可圈可点的。在前一章中，西班牙的黄金时代打得最大一次胜仗便是与哈布斯堡王朝联合的勒班陀海战。在那场战斗中，西班牙式的风帆战舰展现出了无法比拟的强大力量。但是在近 100 年后，大型风帆战船不再成为雄踞各类战船之首的战舰，英法等国制造的携带有更强力大炮的战舰反倒成了主体。荷兰人作为新兴且以海洋贸易为主的国家，必然会采用这些新技术，以保证其贸易地位。而西班牙并不需要这些，因为它有美洲这个强力的后盾，更准确来说是资金来源，所以说新的舰队改良也就没有任何意义了。这样，才会出现 1639 年唐斯海战的惨剧。不过，在 1641 年的战斗中，西班牙人很显然吸取了教训，不再正面与火炮强大的荷兰人交锋。而是将不利变为有利，利用西班牙战舰吃水深，不怕长时间轰炸的特点，吸引荷兰人进前，然后一举消灭荷兰舰队。尽管在战斗中，胡安·阿隆索·伊迪亚克斯为了保存实力而没有追击荷兰舰队，不过也起到了威慑的作用。但可惜的是，这场战斗并没有改变西班牙走下坡路的结果，未来的荷兰成了下一个海上强国。

第五章 日本战国火器兵

12世纪末,日本进入武人统治的幕府时代,武家与公家对立,往往武家压倒公家。1185年,日本首个幕府——镰仓幕府建立,征夷大将军源赖朝成为国家实质性的领袖。在源氏统治时期,日本各地发展出与先前不同的新气象,特别是"足轻"的出现,使日本有了可以使用单兵火器的可能。足轻原本是一些被征召为士兵的贫苦农民,他们一般穿着藤甲或皮甲,手里仅持一根竹竿用以打击敌人。在战斗中,这些人基本作为冲锋陷阵的炮灰存在。但后来,随着地方武装的增加,足轻作为贵族武士的有力补充,越来越处于一种很重要的地位。而且在战争中,因为他们装备比较轻便,反而可以使用先进的火枪。

1274年和1281年蒙古人两次入侵日本,但因为"神风"使他们并没有踏上日本的土地。可是这些蒙古人却带来了先进的火器,让日本人第一次知道这个世界上还有如此强大的武器。

进入明朝时期,日本倭寇经常性地侵袭中国东部沿海地区,从明永乐十七年(1419年)的望海埚大捷开始,倭寇时常受到火铳的打击。因此上,日本人也逐渐了解到了火器的威力与重要性,他们便开始有目的地学习中国火器的制作方法。

日本文安三年(1446年),"铁炮"出现在日本人的记载之中。当时他们学习了明朝的火铳技术,制造了铁炮与纸炮。铁炮即铁制火铳,纸炮就是爆竹。应仁元年(1467年),铁炮被日本人用在战争之中。因为当时的各地大名军阀各自争立,积极扩充地盘,使各种先进武器快速流入日本，但此时的铁炮仅处于直接使用和仿制阶段。

真正日本自己研制铁炮是在天文十二年（1543年），种子岛时尧得到葡萄牙火枪技术时开始。那一年，种子岛时尧制造了日本最早的火绳枪铁炮，并发现该铁炮远优于中国的手铳。次年，天皇得知该武器后立即要求仿制，并鼓励各地作坊抛弃中国的火铳，改为全面仿制葡萄牙火铳。16世纪后期，日本的葡萄牙火绳枪仿制达到一个高潮。这期间，日本不仅仿制出了高性能的铁炮，而且向前推进并研究出相比于葡萄牙更先进的铁炮。

但在17世纪前后进入德川幕府时期，日本开始享受太平盛世，枪炮的制造都陷于停滞状态。在整个17世纪，日本火绳枪没有任何进步，但却出现了标准枪型。即铳长100厘米，整枪长129厘米，口径为1.3厘米，弹丸每枚10克左右。此后一直到欧洲人于1830年带来燧发枪为止，一直没有变化。

日本制造火炮的历史远远晚于制造火枪的时间，从15世纪开始，日本才有了仿制明朝的佛郎机。这是由于在与明朝的战争中，日本以火枪见长，而明朝以火炮见长。因此日本人继续大量制造火枪，而放弃了对火炮的学习和制造。但在日本侵朝期间，突然发现明朝的火炮威力极大，日本就算火绳枪再多，也只是一对一地打斗，而明朝的火炮却可以集群性地将日本人杀灭。因此，日本人极力想得到中国的佛郎机，意欲照此样式制造出一些日本佛郎机。他们从中国得到了一些佛郎机，然后在"破罗汉筒"的基础上进行仿制。而日本比较缺铁，所以仿制的大部分是铜质的佛郎机，效果并不出众。

直到天正四年（1576年），日本才出现自己最早的火炮，该火炮同样是由葡萄牙人所带来，名为国崩炮。天正十四年（1586年），该火炮开始用在战争中，并取得了一定成效。庆长十一年（1601年），日本自己制造的铁火炮诞生。在德川家康之时，曾命令制造了多门类似的火炮，安置在旋风台上，以构成对其他武装的威胁。可是当德川幕府扫平各地以后，该火炮就一直没再进行新的改造，几乎200年没有变化。一直到天保十二年（1841年），欧洲的榴弹炮、迫击炮和野战炮再次进入日本人的视野，才使日本的火炮技术有了大的飞跃，也促成了明治维新后日本早发性的对外扩张。

武器与装备

　　1543年8月25日，一艘从澳门开往双屿的葡萄牙商船在海上遭遇了风暴，结果偏离航线漂到了日本的种子岛。种子岛位于日本九州之南，当时由第十四代家主种子岛时尧统领。当村民们发现了这艘船后，立刻报告给了他，要求他帮忙处置。

　　种子岛时尧与葡萄牙人接触后才知道事情的前因后果，所以同意他们可以在这里修好船只再走。但在接触中，种子岛时尧突然发现这些葡萄牙人还带了一件厉害的武器，那就是欧洲人制造的火绳枪，不过在日本则称为步枪。种子岛时尧马上看出了这件武器要远比日本当时的武器强大，因此便花了2000两银子，从葡萄牙人手里买了两支仿制。

　　之后，种子岛时尧将该武器交给种子岛最著名的铁匠八板金兵卫来仿制，虽然其他地方都仿制得完美无缺，但就是仿制不了扳机。为此，种子岛时尧一筹莫展。

　　不过，无巧不成书，就在次年，竟然台风又送来了另一支葡萄牙商船，而这只商船上恰好有一个铁匠会做扳机。种子岛时尧，马上将自己的女儿许配给葡萄牙人，以换来步枪制造术。然后，八板金兵卫便根据葡萄牙铁匠的制造方式，制造出了"日本国产第一号铁炮"。当制造出来后，日本各地迅速传播这个消息，纪田算长经过关系得到了一支，当回到纪州后，便与铁匠一起研究制造出了更先进的津田流根来众铁炮。

　　该铁炮虽然迅速流行起来，但是却存在着致命的弱点。首先是射程问题，该铁炮的有效射程最长是220米，虽然理论上射程可以超过500米，但基本到达那个远度就已经完全失去穿透力了。就像当年中国在一战到二战期间使用的毛瑟手枪，理论射程2000米，但那时早已失去了穿透一张纸的力量。出现这个问题的原因主要是日本制造的火绳枪比较原始，枪管和弹丸的制造没有统一化，所以会造成弹丸在射击出铁炮之前在枪内上下颠簸,造成准度下降。其次是装填,日本普遍多雨,令该铁炮在用火药打火时经常因为潮湿无法点着,使铁炮反倒成了累赘。

1544 年 2 月,岛津义久将铁炮经细川晴元献给了大将军足利义晴。1575 年,织田信长利用铁炮在长篠合战中打败了武田信玄的骑兵,铁炮成为日本军队中最重要的进攻武器。

在 17 世纪德川幕府时期,火绳枪形成制造标准,即铳长 100 厘米,整枪长 129 厘米,口径为 1.3 厘米,弹丸每枚 10 克左右。

日本的火炮也来源于葡萄牙人,是 1576 年葡萄牙人献给大友宗麟的礼物。该炮共有两门,被当时的日本人称作国崩炮。该炮造型矮胖,必须由人抬或推才能使用。国崩炮最多可装填火药大约 3.75 千克,它的炮弹可分为 15 克、19 克与 22 克三种。

德川幕府时代,铁炮出现标准化作业,有专门的工匠制造各类铁炮。口径 1.3~1.6 米,全长 112~130 厘米,弹丸重 3~6 钱。

军 队 的 构 成

与欧洲的封建制相同,日本也是采用封建制,即一级一级往下的从属关系。在 16 世纪之前,一个地方大名如果想要创建自己的部队,只需要自己的家臣去一层层地动员人手即可,基本在很短的时间内,家臣就会动员起自己的家臣然后一直到农民,组成一支符合大名要求的军队。

在这支军队中,最重要的是骑兵。骑兵的兵源主要是由各地的贵族与富家子弟承担。因为他们拥有更多的特权和资产,能够自己准备包括马、盔甲与武器在内的所有战争用品。但是,士兵里最多的还是农民。这些农民负担不起沉重的盔甲与武器购买代价,所以只能充当步兵、弓兵以及后来的铁炮兵。这些人被称为"足轻",意思是轻兵部队。在 7 世纪时,天武天皇曾想象中国一样拥有一个国家军队,便向大名们要求给予他更多的中央可调配士兵,但是各地方大名纷纷为自己着想,并不关心天皇的意思。所以天皇只好向足轻们要求负担国家义务,可足轻们更愿意服从直接上级即各大名的家臣与武士们的要求,造成在创制国家军队后逃亡者几乎达到一半,结果国家军队也没有完成,天皇只好继续放任各地大名继续组织自己的地方武装。

15世纪,中国的火铳技术传到日本,如何组建一支能够操纵火器的军队成了当时各地大名们最为头痛的问题。因为贵族和家臣们仍旧守着骑兵的旧习,认为这是一种身份的象征,不能改变。而作为足轻的农民们认为火器不容易学会使用,而且极容易伤到自己,因此也不愿意学习。大名们只好找一些没有土地的无主农民或武士来操纵这些火器武器,本来就失去土地的这些人自然愿意接受这样的决定,这至少也让他们进入了军队,有一个可以不会每天被饥饿所迫的地方安身立命。

因为日本的大名们不愿意提供给,也不可能提供给每个士兵盔甲,因此对于这些具有初级火器的足轻来说,拥有一件盔甲简直就是一种奢望,唯一的办法就是从死去的敌方身上扒下来然后自己穿上。但1467年的应仁之乱后,大名们突然认识到了这一点,但因为资金的问题,他们竟然创造了租赁护具。该租赁护具称为"御贷具足",是由块状或者条状的铁片组成,用绳子将其绑在一起。在最下面,还有一圈像裙子一样可以让足轻方便前进的部分,也由长铁条组成,它们合在一起起到保护身体和大腿的作用。另外,为了对该盔甲进行区分,各大名还会将自己的家纹镌刻在上面,以示区别。这些足轻的头盔称为"阵笠",即用金属与皮革围成一个仅能盖到耳朵之上的帽子。不过因为该帽子基本起不到防止对方重击的作用,所以有很多足轻舍弃了这种头盔,而改为在头上缠一圈白布。

对于这些足轻来说,火绳枪的装填和射击绝对是一个挑战。因为那时日本人仿制的火绳枪极易受到天气的影响,如果在干燥的天气里,最熟练的火绳枪兵也得15～20秒才能填装完一发子弹。如果遇到恶劣天气,或者不熟练的士兵装填,势必会将速度延长至几分钟。这样的结果是根本不可能形成像欧洲人那样的齐射,只能单兵乱射。本来具备极大优势的火绳枪兵将会在这样的士兵操作下成为累赘。就算是这些都解决了,日本铁炮需要携带大量火药的问题也会造成足轻们不小心将自己炸伤等问题。

为了解决这个问题,从 16 世纪开始,火绳枪兵被编队组合,即 5 个火绳枪兵搭配 1 个弓箭手,然后这些人都要听从"铁炮小头"的指挥,然后铁炮小头还要听从更高一级的指挥。如此一来,不能齐射的问题解决了,而且因为有弓箭手的配合,火绳枪兵的机动性和安全性也大大提高。虽然此时的日本,火绳枪兵并不是战斗中的主力,但他们确实也起到了至关重要的作用。对于每一个指挥者来说,用火绳枪兵、步兵与骑兵配合往往才是胜利的真正关键。而对于日本的骑兵来说,他们的"时代"其实还没来临就已经结束。

战 例 与 战 术

日本的火绳枪兵在最初出现的两个世纪里,很大程度上并没有得到各地大名的"关怀",因为那些人更关心贵族们的骑兵战术。在他们看来,足轻们的工作只是保护贵族们而已。但到了 16 世纪,足轻中的火绳枪兵越来越被各大名所重视,他们也被编入了各种阵形之中,作为兵法大阵的组成之一。

因为受到中国兵法的影响,阵法成为日本人最喜欢的战争初期军队摆设方式。因此日本火绳枪兵经常被安排在大阵之内,协同合作达到胜利的目的。在战争中日本人经常用到的大阵据说至少有 22 种,但包括火绳枪兵的大阵只有 3 种而已,他们分别是锋矢阵、锁眼阵和飞鸟阵。

锋矢阵的整个阵形就像一支被射出的箭,弓兵与火绳枪兵被大部分放在箭头的位置,另外还有一些作为四围保护中央骑兵的地方。当敌方排兵布阵完毕时,弓兵与火绳枪兵便会齐发,以最小的代价得到对方最大的伤亡。在多次发射后,敌方一定会出现人员缺口。这时,位于中央的骑兵便会冲杀出去,对敌方阵形进行突破,从而取得最终的胜利。

锁眼阵形似于日式锁,中央为步兵围成的 O 形,前锋为由弓兵与火绳枪兵混合编成的大口向外的 V 字形,后部则是数层由步兵与骑兵组成的后卫部队。锁眼阵的 V 字形,使弓兵与火绳枪兵能射击到各个方向和不同距离的敌人,让敌方的步兵、弓兵、火绳枪兵和骑兵都处于己方的涉及范围之内。

这两种阵法是日本火绳枪兵能发挥最大威力的阵法,在战前和战斗初期能起到决定性的作用,但在战斗中期反而会发生混乱,火绳枪兵再次进入单兵作战阶段,如果能熬过这个阶段,战斗的胜利也就不在话下了。

飞鸟阵来源于中国的雁阵,只不过将火绳枪兵加进内部而已。该阵法的特点是骑兵位于大阵中央部位。两旁侧翼密密麻麻地分布着由步兵、弓兵与火绳枪兵混合编排的士兵。强劲的护卫,令敌方根本无从下手。

陆地战

说起日本火绳枪兵最威风的陆地战莫过于 1575 年的长筱之战。在这场战争中火绳枪兵一举改变了日本过去的战场武器平衡,将火器武器的优势发挥得淋漓尽致。

16 世纪 40 年代左右,幕府败落。织田信长的军队事实上已经成为各地方武装中最大的一支。1568 年,织田信长占领京都,本州岛中部的富庶地区也一一被他所占领。就在此后没多久的 1575 年,日本东部一个名为武田胜赖的大名突然袭击德川家康的地盘长筱。当时的德川家康与织田信长是盟友,所以得到消息后,织田信长马上派出 3 万名精兵与德川家康的 8 000 名士兵一起向长筱进发。在这支部队中,有两支与众不同的军队,其中之一是火绳枪兵,另一个则是僧兵。

当时,武田胜赖的 1.5 万名士兵已经包围了长筱城,虽然城堡坚固,但城内仅有 800 名士兵,如果杀不出重围就一定会被饿死。不过值得庆幸的是,武田军绝大多数都是骑兵与随从,只有几百名火绳枪兵,比起织田信长和德川家康联军的 3 000 名火枪手完全不值得一提。

在半个月的行军后,6月27日织田和德川的军队在离武田军5公里处的设乐原平原停下脚步。他们知道武田的军队以骑兵为主,便因势利导地在当地筑起防御工事。他们选择在莲子川河畔搭起三道防御工事,在防御工事后是3 000名火绳枪手。这些火绳枪手的目标就是武田作为冲锋的骑兵与后续的步兵。他们组成三个梯队,可以从防御工事后的窗口射击,当射击完毕后前一队撤下装弹药,下一队继续补上。而在左右翼则是步兵、弓箭兵与骑兵混编的队伍。而且左翼是密林,右翼是丰川河,令织田与德川联军没有后顾之忧。

武田见到敌军前来,立即调出1.2万人进行迎击。武田将他们平均分成四部分,即左翼、中队、右翼与后备军。他知道织田的火枪兵虽然厉害,但装弹速度较慢,所以只要骑兵能够快速冲锋到防御工事前,那么火绳枪兵就将没有用武之地。这个既定作战方式是正确的,但他唯一没想到的是现在两军打仗的地方不是平原,而是有几条河流通过的丘陵地带。这些都会减慢骑兵的速度,如果强行冲锋的话,很可能会造成在防御工事前骑兵因为损伤较大且速度不足而无法冲过。最后变成被动挨打的情形。结果在战争中,这一切真的发生了。

6月28日晨,武田军按照既定方针,让骑兵先进行冲锋,在莲子川河前一切都正常,但过了河后因为地面泥泞,骑兵速度明显放慢。当到达织田与德川的防御工事前,骑兵已是强弩之末,他们便成为火绳枪兵射击的对象。一轮轮的射击,将武田军的骑兵纷纷斩落马下。就算是那些侥幸逃脱的骑兵,也被从防御工事后伸出的长枪所击倒。随着一次又一次的冲锋,武田的骑兵越来越少,而织田与德川的火绳枪兵越来越威武,眼看武田的军队就快消耗殆尽。可这时却发生了形势逆转,一些骑兵终于突破了防御工事,从右翼突破火绳枪兵阵,与织田和德川的军队短兵相接。骑兵们开始发挥其威力,一度曾使织田与德川的军队后退。但仅仅几分钟后,织田的步兵、火绳枪兵与弓箭手便重新掌握了战局,将武田的骑兵几乎全部宰杀。

当武田的骑兵不再向前冲锋时,织田与德川的军队发起了反攻,两军进入真刀真枪的肉搏战。大约在下午时分,武田军溃败,织田与德川的联军取得了这场战役的胜利。

在这场战斗中,以火绳枪兵和步兵为主的足轻展现了过去日本大名们从没料想到的威力。他们占据了整个战场上最主动的位置,将火绳枪的威力与步兵的防御力发挥到了极致。虽然这场战争中也有骑兵的功劳,但已经退而为其次。骑兵所做的只有冲锋而已,其他则几乎没有任何功劳。不过,这次战斗中唯一遗憾的就是日本还没有真正的炮兵,如果有了炮兵,这场战争到底会成为什么样子,谁也无法预料。

水战

对于日本近代以前的海战来说,基本都属于侵扰性质。就算是仅有的两次对外战争中,一次是与蒙古军队,日本还没有火器;另一次是织田信长对朝鲜的侵略战,也以朝鲜李舜臣的全面胜利而结束。所以日本的海战便可以略过了。不过在近代明治维新后,日本近代化海军迅速力量膨胀,在几十年间里打败了中国与俄国的海军,成为远东地区首屈一指的力量。

第六章　中国明代火器兵

明代是中国历史上最为辉煌的时代之一。从明初开始,身为皇帝的朱元璋便对火器兵具有相当大的兴趣。为此,明朝成为中国火器发展史上的顶峰,之后的清朝虽然全盘接受了明朝的火器武装,但因为还是注重于对冷兵器的发展,反而还不如明朝,造成了近代中国对外战争中的一系列失败。

正如前面章节所说,朱元璋在与元朝军队的战争中发现火铳与火炮的威力惊人,如果使用得当,经常能以很小的损失取得相当大的胜利。而且即使是明朝已经统治了中国的大部分地区,但北方仍旧是蒙古人的地盘,他们经常会南下继续和明朝人进行战争。对于蒙古人快速的铁骑,唯一的办法只有守住边疆,并使用火器对蒙古人进行远距离的射杀。所以从明初开始,他便大量要求周边各地设置数百的卫所都司和千户所,同时还在北方建立起万里长城,抵抗北方民族的南侵。另外,他将火器兵编入军队,作为一支单独的部队,开始了最新的军队改革。

中国从秦始皇时代开始,征兵就是一个很严重的问题。中国的征兵方式不比欧洲,可以一层层地向下摊派,然后组织一支也许可靠的军队,然后把他们驱赶到战场上肉搏即可。因为中国自始至终就是一个农业国家,因此在农业化基础上征兵便成了中国的将帅们必须解决的问题。所以很多将帅便喜欢在尚武的地方或者是一些历代传承的兵士家族征兵,因为他们可以最快速度组成最强劲的兵力,不用多少训练就能上战场并取得决定性的胜利。但在战争频仍的时期,各地农民也会成为征兵的主角。不过在征召农民的时候,将帅必须预料到他们会在农忙时候大量逃亡,因此各种严刑律法也被创造出来,以免农民们在战争之前就将士气降低到无法打胜的水平。如果不使用严刑律法,那么将帅们就必须笼络这些士兵,而将帅们也更愿意用笼络的方式让自己的士兵最小限度地减员。以此造成的结果就是,各种军队都效力于笼络自己的将帅,而对国家并不负有任何责任。如唐朝就出现了藩镇割据的状态,而宋朝的强干弱枝则造成了经常被动挨打。

为了解决这个问题,朱元璋在洪武十三年(1380年)建立了一种新的军队编制方法,即征募体制。这种制度即由国家派遣官员到地方登记征到的兵员,每一个兵员都登记在册。与此相对的是,将帅再也不是在同一个地方驻扎,而是经常被调换到其他地方,这让士兵不会再效力于某个单独的将帅。同时,每个士兵在进入兵营之后,家里都可以得到一份土地田产,如果立功还能得到更多的好处。这使农民们只要让自己的家里人去耕种,自己去争取立功就行了。这样一来,农民们逐渐对国家政府产生好感,而不再会对将帅从一而终。尽管随着明朝政治的腐朽,到16世纪时这种制度已名存实亡,但明朝军队的确战斗力也是很强的。

因为明朝前期主要的敌人一直是蒙古人,所以明朝一直致力于骑兵与弓箭兵为中心的军队设立,并未关心到火器兵。而明朝的火器制造也在几乎150年间没有太大变化,这时仅仅在火铳上加了些部件,重量减轻一些而已。而对于欧洲那种燧发枪等的发明则根本就没有过。也许是因为当时明代大部分兵员都来自农民,让一群农民们在最快速度学会使用枪支,并保证不误伤到自己的确是一件很难的事情,而且当时的战争很多,为了让农民们更快地进入战场,也就没有必要再发明其他更先进的武器了。

不过到了明代中后期,这个问题终于凸显出来。主要原因是日本开始对外扩张,倭寇众多,让明朝人不得不开始研究更多更强大的武器。在对抗倭寇的战争中,火炮是首当其冲的。倭寇几乎每次都从海上而来,用大炮从远处将其遏制不敢进入中国海岸就成了最好的办法。一开始,明朝轰击海上船只使用的巨型大炮是用元代的大炮所改制的。

但1514年以后,葡萄牙人船只战败,他们船上装载的先进的佛朗机被明朝所仿造,在这个基础上明朝人又发明了大将军炮(神机炮)、威远炮、虎蹲炮和旋风炮等。使明朝的火炮家族力量进一步增强。

当然,因为欧洲人发现新航路,一些欧洲的武器也逐渐进入到明朝人的眼睛中,这最主要的就是火绳枪。明朝人发现火绳枪要比自己使用的火铳更加轻便、灵敏,便直接放弃了从明初到明代中期150余年一直使用的手铳,仿制起欧洲人的火绳枪,并加入了一些中国元素,成为在抗倭战争中经常使用的武器。

不过到明代末年,尽管拥有强大的武器,但还是没有顶住频繁的农民起义和满洲人的入侵。最终,明王朝在内忧外患中轰然倒塌。

武器与装备

从朱元璋到朱棣时期,用的火器一直都是从元朝传下来的手铳,和元朝的铳是一脉相承的。但是在朱元璋统治后期,一些被称为碗铳的火器被研制出来,这就是明代早期大炮的雏形。碗铳形如其名,就是在铳的前面加一个碗形的大口。这个口的用处其实是用来放置炮弹用的,当时并没有现今这样的装弹技术,而是必须将炮弹放在炮口上,然后再用火药将其炸出去。当然,这样做也有一个好处,那就是如果有炮弹就用炮弹,没有炮弹石头甚至是大块的木头也可以代替炮弹使用。这种铳的口径一般为10~20厘米,炮身重量几十千克。除此之外,还有一些仿制的小型铳,被称为碟铳和不规则铳等。从洪武时期起,铳的制造开始统一管理,今天出土的每件明代铳上我们都可以看到雕刻的文字和编号,以确定是何年由何人所造、这一批次总共制造了多少等等。

之后,从明永乐到正德年间,手铳开始逐渐向小型化和规范化方向发展。在朱棣在位时期,曾制造了一批规模形制都远远小于洪武时期的小型手铳。这些手铳结构分为三部分,即枪管、药室和尾部,在枪口火门处,特制了一个盖子,防止火药四处喷射。另外,口径改变为1.5厘米左右,所以填装火药时必须要使用勺子填装。自此后,这种手铳就成了整个 15 世纪的标准造型,被明朝的军队大量使用。

但是,中国开始火器的全面战争其实来自鸟铳的发明。鸟铳,也叫鸟嘴铳,是一种从欧洲传来的新式火绳枪。中国人首次获得这种武器是在明嘉靖二年(1523 年)。那时,明军在与葡萄牙在广东新会的西草湾之战中,从缴获的两艘葡萄牙帆船中获得了西洋火绳枪。到了嘉靖二十七年(1548 年),倭寇横行,戚继光在战斗中竟然发现了另一种东瀛火绳枪——铁炮。他两眼放光地认为,这就是未来取胜的关键。因此他立刻将收缴的葡萄牙人与日本人的鸟铳进行混合,发明了中国鸟铳。也就在这前后,奥斯曼的火绳枪——鲁迷鸟铳也传入中国,与中国鸟铳开始合流。

明王朝立即将这些鸟铳进行研究,并由兵仗局开始仿造。到了明万历二十六年(1598 年),赵士桢将奥斯曼火绳枪与葡萄牙火绳枪结合,取其优点,将枪机置于枪托内,简化了发射动作,使鸟铳的射速大为加快。另外他还根据弗朗机铳发明了具有 5 根枪管的迅雷铳。

明代鸟铳是一种进化了的火绳枪,它枪长 2010 毫米,口径 9～13 毫米,枪重 2 000 克,射程为 150～300 米。鸟铳的铳管前段安有准心,后面装有照门,可以准确地打击敌人。同时,鸟铳采用了弯形枪托,发射者可以将枪挨近脸部,准确率远高于早期火器。最后,该鸟铳使用扳机点火,虽然用火绳做火源,但火源不易熄灭,所以发射速度和杀伤力都更大。

最初的鸟铳是粗铁制成的,但因为容易炸裂,所以后来兵仗局发明了精铁制造,即用 5 千克粗铁炼制出 0.5 千克精铁,然后用精铁卷成大小相套的两根管子,以大包小,接着再用钢钻将内壁钻成光滑的铳管。这样的精铁经久耐用,不会在射击时炸裂。

不过明代鸟铳的射击过程要繁琐得多。它分为倒药、装药、压火、装弹、装门药和装火绳六步。当准备完毕后,射手即可用坐姿或者半蹲姿扣动扳机发射。如果距离较近需要连发时可以使用直接从火门点火的方式射击。

从嘉靖时期开始,鸟铳即成为明代最著名火器兵武器。鸟铳的威力众所周知,因此明朝政府大力加强鸟铳的制造。如在嘉靖三十七年

(1558年),一年之中就制造了鸟铳1万余支。戚家军步兵2 700人,其中有鸟铳者1 000余人。清代,改鸟铳名为鸟枪。到康熙三十年(1691年),内火器营3 920人中有2 512人持鸟枪。雍正十年(1732年),在吉林的八旗兵中首先开始设置鸟枪营,之后几年间,整个沿海地区全部八旗军队都设有鸟枪营。到1840年第一次鸦片战争时,欧洲的后装线膛击针式步枪传入中国,鸟枪才被淘汰。实际上,鸟枪在康熙年间就应该被淘汰,那时曾有欧洲人进贡了不少先进的枪支,如果清朝统治者能像明朝统治者那样兼收并用,也许历史会是另一个走向。

神机炮是明朝初期制造的一种著名火炮,它直接来自元代的大型火炮。该炮是专门给神机营的兵将们所用。该炮长度为600~900毫米,口径为55~85毫米,属于不可移动的大炮,虽然射击力度大,但准确度不足,当明朝中期佛朗机炮传入后,该炮即退居后台,今天仅有山海关还有几门而已。

明朝中期,与蒙古人的草原战争基本结束,海上战争逐渐增加。1514年,葡萄牙人到上川岛暂留,希望能作为中转站久居,但明朝政府不肯。葡萄牙人便于嘉靖元年(1522年),派遣5艘战舰,强迫广东官员允许葡萄牙占领屯门岛,但在西草湾激战后葡萄牙人全军覆没,而明朝人也在葡萄牙人的船只中发现了一件宝贝——佛朗机炮。佛朗机本是葡萄牙国名的音译,后指代葡萄牙大炮。嘉靖三年(1524年),首批佛朗机炮仿制完成,发给军队使用。

据记载,从嘉靖年间开始,总共研制出大样佛朗机、中样佛朗机、小样佛朗机和马上佛朗机等数种,这些佛朗机皆为铜质铁管。大样佛朗机约在嘉靖三年(1524年)制成,分为母铳和子铳,其中母铳长1米左右,子铳仅为母铳的1/4—1/3,重量为150千克。中样佛朗机是嘉靖二十二年(1543年)开始制造的,可分为两种,一种是从过去的大型手铳改造的,另一种则是新制造的。它们的口径一般都在2.6~2.7厘米,长度为29.5厘米,总重量4.5~5千克。因为其质量好、射程远,所以在之后的时间里一直被源源不断地制造出来,到万历年间,已经由国家制造至少14 000件。小样佛朗机制造于嘉靖七年(1528年)。母铳口径2.2厘米,长度为63厘米,总重量4千克。子铳口径1.6厘米,长度15.5厘米,总重量0.8千克。马上佛朗机从嘉靖二十三年(1544年)开始制造。它的母铳口径3厘米,长74厘米,总重量4.9千克。其子铳与小样佛朗机完全相同。今天,这些实物都可以在各地的博物馆中看到。

明朝制造火器的部门主要有四个,即宝源局、兵器局、兵仗局与军器局,负责武器的铸造和维修。

其中宝源局建立于元至正二十一年(1361年)二月,朱元璋建立该局的主要目的是铸造农民军使用的钱币大中通宝,但后来因为战事频繁,宝源局也开始铸造各类武器,其中以手铳为最多。明洪武八年(1375年),该局被撤销,不再用来制造手铳。此后,兵器的制造重点转为各地方政府自己铸造,这就是各地卫所的兵器局,这些卫所制造出来的兵器会发给各地士兵使用。军器局建立于洪武十三年(1380年),它的任务是要每三年制造碗口铳3 000门、手把铳3 000支、信炮3 000门、铳箭头90 000个,同时还要有大量其他配件。兵仗局建立于洪武二十八年(1395年),它要每三年制造大将军、二将军、三将军、夺门将军、神铳、斩马铳、手把铳等若干。这两个部门制造的铳主要用于神机营、五军营和三千营这几个首都保卫部队中,其他地方部队不可使用。

军队的构成

众所周知,中国在明代初期就已经建立了神机营,他们使用洪武时期制造出来的手铳。不要以为这里出现一个营字,他们就只有一个营而已。要知道,当年的神机营可是保卫首都的三大军队之一,另外两个营名为五军营和三千营,可想而知其规模的宏大。神机营建立于明永乐七年(1409年),是朝廷直属的卫戍部队。不过,值得注意的是,神机营并不是一个专业使用手铳的军队,而只是一种新兵种,它的作用就是保卫皇帝的安全,而拥有数量众多火器武器正是它能保卫首都的坚强后盾。

神机营下编有中军、左腋、右腋、左哨、右哨等五军,中军编有四个司,其他各军编有三个司。神机营的军队来源都是朝廷大员的弟子,只有像公、侯、伯、都督、都指挥这类的官员及其子女才能入选,所以说是完全的贵族部队。

在神机营创建后,经常与其他两个营进行各种防御性的战斗。其中,神机营特别以火力勇猛占有优势,所以经常被皇帝嘉奖表扬。到成化二年(1466年),明军开始规划为55人阵形,其中火器兵已经占到1/3。

在明朝前期的地方军队中也有部分火器兵的存在。当时的地方军队包括对蒙古的防御与对南方的扩张两部分军队。对北方蒙古人的军队使用火器为最多,特别是在明长城附近的诸多关口,明代建立了诸多的堡垒,即人们常说的"猪打圈"。这些地方的军队士兵和将领大部分都是来自征募的农民,只有很少的将领是世袭的。而且,在明朝地方军队中,手铳的使用率极高,在战斗中经常和弓箭一起联合使用。不过,大家更多地还是习惯于使用各种大型火炮,因为这种东西更强、更容易大面积地击倒善于使用骑兵的蒙古人。

从15世纪后期始,明朝的政治逐渐腐败,旧有的三大首都保卫军队已经比明朝初期增长了数倍之多,而且很多时候军队出现空缺时将军们也不再立刻就将其补齐,而是用这些空缺去领空饷。而地方的卫所正相反,农民起义此起彼伏,经常无暇镇压就又开始了新的战争,所以大量的农民被征募去当兵,可是相应的当兵的好处却没有体现出来。因为政府无法将所有的战争解决,各地的农民只好自己也建立起了民团、村庄卫队等等来自己保护自己。

另外,此时与日本拥有火绳枪后往往形成数十人或数百人的大阵完全相反,明代人最经常使用的却是小型阵法。因为中国在宋朝虽然研究出大量大型阵法,但到了明代却几乎全部被抛弃,而改用只有几个人,最多也就只有12个人的阵法。这其中最主要的原因就是明代火器的发展,特别是火铳、鸟铳、火炮、霹雳炮、佛郎机等的研制成功以及兵士的大量携带,使大阵往往会造成严重的密集性伤亡。为了发挥武器的威力,就必须选择小规模的战斗阵形,以达到机动性与灵活性的有效组合。而且最重要的是可以快速躲开敌人的大质量火器进攻。

  这个情况在明朝抗倭战争中最为常见,其中以戚继光的军队训练最为典型。戚继光建立起一支火器合成兵种的军队,即将步兵营、骑兵营、水兵营、车炮营和辎重营联合在一起编制。他们之中包括的火器兵有手铳兵、火绳枪手、快枪手、虎樽炮手等,基本上火器兵占到了整个军队人数的一半以上。

  还有一点就是从16世纪与葡萄牙军队开始接触后,明朝军队立刻将使用的火炮大部分变成了佛朗机炮,相应地,炮手的分配方式也有了改变。在这之前,每个火炮由两人进行守卫,但演变成佛朗机炮后,每门佛朗机炮一般都配备有3个人左右进行火炮的填装与发射。后来,明朝军队又制造出了子母铳,这种铳形制复杂,经常必须有数人到十几人来一起合作。

战 例 与 战 术

  明朝早期和中期,中国军队往往是用弓弩混编军队,这种军队的好处就是能最大限度地打击对方有生力量,并起到很好的威慑力量。可以说直到17世纪,这种战法几乎都能将拥有火绳枪兵的欧洲军队打败。但17世纪后,欧洲的火枪技术革新,才将中国的传统战术远远抛在后面。而且在整个明朝,火枪并没有更大的杀伤力。这一方面是因为战争规模的巨大,用火枪只能击毙一个,火炮则能击毙一堆。另一方面因为中国的弓弩普遍射程远于欧洲的弓弩,所以火枪还没打到人家,自己家就已经挂了。因此,火炮便成了首选。

  明正德九年(1514年),葡萄牙人第一次来到中国广东沿海,开始与中国交往。他们本想找一个岛晾晒货物,但因为明朝海禁政策所以并未得到允许。但自此后在民间的交往则多了起来,这些葡萄牙人也第一次露出了他们的先进武器——佛郎机。在这之后的80年,明朝政府仿制出了著名的神机炮。在1593年的朝鲜战役中,中国与朝鲜利用神机炮与鸟铳的结合,最终打败了日本人。

陆地战

明朝建立初期,蒙古人因为分裂为鞑靼和瓦剌诸部,开始内部争斗,已经不再经常南下。不过,当某一部落壮大后,还是会时不时地到明朝北部边疆进行掳掠。明朝刚建立时期因为内乱未平,所以一时无法顾及这个问题,让蒙古人多次钻了空子。到永乐时期,明朝内部混乱已经基本平息,同时朱棣也急于向外界展示自己的力量,所以他表示应该向蒙古人开战了。

永乐七年(1409年)七月,朱棣第一次派兵征战鞑靼。这次战争是由征虏大将军淇国公丘福率领10万精兵,副将为王聪、火真,参将是王忠和李远一起发动的。此时,鞑靼的可汗名本雅失里,是太师阿鲁台扶植的一个傀儡,其实鞑靼的真正统治者是阿鲁台。当月,明军进入长城以北的鞑靼领地。八月,前锋到达胪朐河(今克鲁伦河)的南岸。在这里,他们碰到了鞑靼游骑兵,并将其歼灭。在河对岸他们俘虏了一名鞑靼将军,向他打听鞑靼主力所在地。不过,这个鞑靼将军说了谎,但主帅丘福深信不疑,不管其他将领的阻拦,结果中了鞑靼人的埋伏,五位将军全部战死,全军覆没。朱棣听到禀报后大怒,开始了第一次御驾亲征。

永乐八年(1410年)二月十日,朱棣亲帅50万大军远征鞑靼本雅失里汗,随军携带武钢车3万辆,粮20万石。而且出塞后每十天会在一个地方将部分粮食留下,以备退兵或胶着战时使用。因为是御驾亲征,所以行进较慢,也有人说朱棣是游山玩水,不过根据当时大兵压境的情况来说,这几乎是不可能的。总之,在四月时,抵达滦海(今呼伦湖),在这里,朱棣称:"汝等观此,四望空阔,又与每日所见者异。"很显然,他发现这个地方是个战斗的好地方。

五月八日,朱棣到达胪朐河(今克鲁伦河)流域,他将这里更名为饮马河。在这里,与鞑靼小股军队进行了第一次短兵相接。鞑靼人使用骑兵向明军冲锋,但还未近前就被大量持手铳的火器兵与炮兵拦截,几乎损失殆尽。最后,明军抓到一名鞑靼都指挥。鞑靼人于第二天继续进行反攻,可是仍旧与前一天一样,遭受了更大的败绩,数十人被俘虏,大量马匹牛羊与辎重被明军获得。本雅失里汗不得已,率领部分鞑靼军队开始远遁瓦剌部。而鞑靼太师阿鲁台则率大众东逃,准备择机再战。

六月九日,阿鲁台帅大军在飞云壑和静虏镇(今哈拉哈河南岸)与明军大战。这次战斗两军都出动了大批军队。鞑靼军继续使用惯常的骑兵冲锋及骚扰战术,但对于明军大量的火器部队,这种百战百胜的作战方式还是受到了极大的冲击,几乎整个鞑靼军队都在火器的攻击下丧失了胆子。就在这时,阿鲁台正好被明军的手铳所伤,跌下马来,这个突如其来的事件令鞑靼兵士气尽消,纷纷采取逃跑的方式保命。朱棣则率领大军狂追5公里,但终究比不过鞑靼军队逃跑的速度。接下来的几天,尽管明军还遇到一些小股的鞑靼军队,但基本都未构成威胁。这时,明军粮食殆尽,朱棣得胜回朝。

这次战役后,本雅失里汗表示对明朝臣服,并每年进贡优良马匹给明朝,太师阿鲁台也表示永不再犯,还接受了明朝册封的称号。

历史总是有其相似性,在鞑靼部臣服后,瓦剌部又兴盛起来。瓦剌部三王马哈姆、太平和把秃孛罗虽然名义上与明朝交好,但已经开始准备取代鞑靼部的地位,成为新的蒙古首领部落。永乐十年(1412年),他们偷偷拥立了一个傀儡可汗答理巴。之后,便举兵大举东侵,袭杀了鞑靼部可汗本雅失里,并且占据了大量鞑靼原本统属的地区。鞑靼太师阿鲁台立即将该事件告知了明朝政府。当明朝政府派使者去瓦剌探听虚实之时,竟然也被扣留。瓦剌部还遣人要求将明朝的宁夏、甘肃北部地区交给瓦剌放马。可见瓦剌的心思已经摆明,因此朱棣便准备第二次御驾亲征。朱棣先重新册封了阿鲁台为和宁王,表示承认阿鲁台对鞑靼的统治。和宁即和宁路,也就是元朝和林附近地区的王。和林是元朝建立早期的首都,册立了这个称号就等于承认阿鲁台是整个蒙古的统治者,亦即不承认瓦剌对这一地区的统治。接着,朱棣又册封了阿鲁台的部属2 000多人各种称号,阿鲁台为了表示忠心,也将其子也先孛罗遣到明廷进贡。

永乐十一年(1413年)十一月,朱棣亲自派信任的将领调查北方诸省情况。然后挑选大量精兵会合于北京。次年,朱棣率领军队御驾亲征。这次仍旧领兵50万,大营为安远侯柳升以及四位副将;中军为武安侯郑亨及三位副将;左哨为宁阳侯陈懋及两位副将;右哨为丰城侯李彬及三位副将;左腋为成山侯王通及两位副将;右腋为都督覃青及两位副将;前锋为都督刘江和都督周荣。瓦剌军队约有3万余人,领军为可汗答理巴、顺宁王马哈姆、贤义王太平和安乐王把秃孛罗等人。

永乐十二年(1414年)正月至三月,朱棣遣15万民众将军粮运至边境,准备对瓦剌的征伐。准备期间,瓦剌曾多次派游骑到明朝刺探虚实,但几乎每次都被发现,匆匆逃回。

三月二十七日,朱棣从安定门出发,每走十天休息两至三天地向北进发。在途中,仍旧每到达一个营寨,会留下部分粮草,以备返回之用。而且,在四、五两个月,鞑靼部多人带领残兵来降,也增加了明军的军队数量。

六月初四到初六,明军开始频繁遇到骚扰的瓦剌游骑,他们往往是一接触就跑,根本不给明军追击的机会,不过因为明军武器精良,还是抓住了数十人。不过,这些人显然是来引诱明军到达瓦剌军早已准备好的战争地点的。因为六月初七,明军来到呼兰呼失温(今蒙古温都尔汗西北),发现瓦剌军队早已在这里等候多时了。瓦剌军大部分为骑兵,每名骑兵配马三匹。还有少部分是从附近掳掠来的奴隶兵,作为炮灰挡住明军。

此地是山冈包围平地,瓦剌军大部分部署在山冈之上,只待明军进入,便要冲下山冈攻击。不过。朱棣早已料到瓦剌军的想法。所以在距离数里外便扎了营,选择一处山冈,准备与瓦剌军主力作战。他命令神机营手持火铳列队在前,后方为弓箭兵与炮兵,步兵则与弓兵交叉列阵。之后,少量骑兵从中间冲向瓦剌军,瓦剌军见明军已"中计",便从山冈上冲下来,冲向明军阵营。可就在此时,明军火铳与弓箭齐射,数百瓦剌骑兵伤亡,而明军几乎没有任何损失。瓦剌三王见明军如此厉害,便命令骑兵回撤,重新部署。

瓦剌三王知道明军人数众多,如果长时间对阵必将因为后援艰难而撤退,索性就守住各处关口,与明军远远对望。武安侯郑亨认为不能长时间与瓦剌军不战不和,因此建议使用强攻。朱棣也认为的确应该如此,长时间的等待就意味着失败,还不如直接消灭瓦剌主力。

接着,明军在进行多次强攻后取得了主动权。然后明军左翼即左哨宁阳侯陈懋与左腋成山侯王通一起进攻瓦剌右翼,瓦剌右翼没料到明军如此的进攻,立时拼命抵抗,希望能稳住阵脚。这时,左哨都督陈崇与指挥吕兴带领火铳兵冲入瓦剌右翼,用火铳的力量将瓦剌右翼彻底打散。与此同时,瓦剌左翼也被明军所扰乱。明军右哨丰城侯李彬与右腋都督覃青率领军队冲入瓦剌左翼,大肆砍杀。但瓦剌左翼明显比右翼战斗力强,明军不仅没有攻下,反而多位将领伤亡。不得已,朱棣率领的中军部分骑兵与前锋都督刘江的火器军队加入,终于将瓦剌军队左翼打败。

在明军的全线攻击下,瓦剌军队溃败。但明军追赶了两个山冈后,瓦剌军队又集结了起来,再次与明军正面冲突。但慑于明军火器武器的威力,瓦剌军很快便再次溃败,伤亡极多。据统计,这天的战斗,两军伤亡皆在一万人以上。

当夜,明军在土喇河将大部分瓦剌军歼灭,并获得大量马匹和辎重。但唯一遗憾的是三王都逃跑了。

第二天,诸将还希望继续追赶并全歼瓦剌军,但因为阿鲁台的鞑靼军队还在身后,怕腹背受敌,便退军了。之后的几天,明军又扫荡了回程中的瓦剌军队。没多久,阿鲁台遣使者告知朱棣自己重病无法领军前来支援,朱棣也未责怪,送给使者一些礼物后,就让使者回去了。八月初一,朱棣大胜回国。第二年,瓦剌遣使进贡名马表示臣服。

后三次因为几乎没有打任何大仗,仅是恫吓蒙古人而已,所以也就不再具体说了。总之,经过总共五次的亲征,达到了朱棣所预定的效果。特别是这五次战争中,明军采用火器与骑兵合作的方式打击蒙古人,使善于骑射速战的蒙古人不再敢向明朝进军。而且,明朝军队一直在使用稳扎稳打的战斗方式,集中兵力打了一场又一场的歼灭战。这种战术思想,为未来的明军战争提供了一个可以借鉴的参考资料。战后,蒙古人表示对明朝臣服。明朝册封了几个较大的蒙古部落首领,北方战争结束。后世称其为"五出漠北,三犁房庭"。

不过，在消除了蒙古人的威胁后，后世的皇帝不再继续维持进攻的战略，而是开始以防御为主要战略。主要原因是明成祖朱棣与汉武帝刘彻一样，喜欢远征，高昂的军费几乎把整个国库掏空。所以后世皇帝开始因噎废食，只愿意防御而不愿进攻，本来明初得到的长城以北的土地几乎全部丧失。而且，卫所制度的建立，使卫所成为孤悬于国外的孤岛，成为明朝后期大量耗费钱财的政治和军事隐患之一。

水战

在火器大量发展起来后，明朝不仅仅只在陆地战上频繁使用，即使是在以前不太注意的海上，也开始使用起来。在明朝历史上，比较著名的海战有露梁海战、屯门海战、西草湾海战、澳门海战、朝鲜海战、料罗湾海战等，但其中最著名的莫过于料罗湾海战。这场海战的规模与200年后的鸦片战争不相上下，但结果却大相径庭。

从1517年葡萄牙人发现中国的海上通道后，欧洲各国纷纷开始派遣船只到中国来做生意。这其中最主要的是葡萄牙、西班牙、英国以及后来居上的荷兰。16世纪中叶，荷兰军事改革后，荷兰一跃成为世界海洋的一霸，他们被称为"海上马车夫"，16—17世纪几乎到达已发现的世界各地进行贸易。对于中国这样一个庞大的市场，荷兰一定是非常有兴趣的。因此，他们在16世纪中期也来到中国，他们凭借在印度建立的东印度公司作为中转站，将世界各国的物品运到中国贩卖。可是，在这里他们遇到了先期到来的西班牙和葡萄牙人。他们害怕荷兰人抢占了他们在中国贸易的权利，帮助明朝政府多次打败荷兰人，让荷兰人无法靠近中国领海。

1622年，荷兰人获知西班牙人想要占领台湾，便希望先行一步，占据台湾作为中转站，以与明朝做贸易往来。1624年，澎湖战役中荷兰人惨败，退而到达台湾南部，在大员（今台南市）建立据点。与此同时，西班牙人也到达台湾北部，建立据点与荷兰人相对抗。对于西班牙，荷兰人深恶痛绝，所以一直希望明朝人能将西班牙人赶出，由荷兰人顶替他们的位置与明朝做生意。明朝政府当然不愿意了，所以并未理睬荷兰人的要求。

荷兰台湾总督普特曼斯认为只有用荷兰的先进武器才能使明朝人就范，所以便要求派遣战舰前来。不久，11艘战舰、1艘旗舰与大量海盗船到达台湾，交予普特曼斯统领。

1633年7月7日，普特曼斯率领旗下的13艘荷兰战舰，突然对南澳发动了突袭式的进攻。这次进攻虽然比较突然，但明军反应较快，只有把总范汝耀受重伤，以及十余名官兵阵亡，其他并无损失。而荷兰也死伤多人，只好北上继续寻找地点进攻。经过了5日的航行，他们来到了厦门。此时，厦门十分空虚。厦门守将张永产去泉州购买军械未回，郑芝龙则率领主力在福宁附近剿匪。只有几十艘战船停泊在港内，而且其中还有不少是待修理的船只。荷兰人见有机可乘便大肆烧毁船只，还登岸劫掠。接着，他们封锁了厦门港，要求附近的村庄向他们进贡各类牲畜与食物。当有了这次"大捷"后，荷兰人借此要挟明朝政府开放港湾和贸易，同时要和西班牙、葡萄牙等国停止贸易。7月26日，明朝的答复是绝对没有可能。而且荷兰人必须先赔付明朝的损失，要不一切都免谈。

对于这次偷袭，郑芝龙损失惨重，他愤怒地将地方武装与海盗纷纷组织起来，以杀荷兰人就给银两的赏金方式，让部下士气大振，只待一战。

荷兰人发觉明朝人根本不懂得现代战争法则，所以感觉必须给明朝军队更多的威胁，明朝才有可能跟他们谈判。所以，荷兰人决定再次袭击厦门。但是这次厦门守军已做好准备，同安知县熊汝霖与游击张永产一起督战，使荷兰人没得到任何便宜，甚至还伤亡十余人，明军愈战愈勇，最后将荷兰人赶出领海，还追击了两天才回。荷兰人见识到了明军的厉害，在附近巡游，不敢进攻。

8月底，荷兰人转移到料罗湾附近，想继续偷袭。但已经严阵以待的明军却在海澄知县指挥下大破荷兰军队。这几次荷兰人连续的挑衅使明朝人非常气愤，所以9月22日，崇祯皇帝向福建巡抚邹维琏下达命令，一定要惩治荷兰人的侵袭。因此，邹维琏立即下达命令，要求各下级地方，不得与荷兰人"互市"，也不得将荷兰人放进，一定要死命保卫明朝疆土。此后,邹维琏多次亲自监督备战情况,同时他任命郑芝龙为先锋,高应岳为左翼,张永产为右翼,王尚忠为游兵,吴震元、陈梦珠记功领赏。10月15日,一切准备停当,严阵以待。

见明朝军队正在积极准备,荷兰人找到了海盗刘香让他帮忙来与郑芝龙等周旋。刘香带来十余艘海盗船,与荷兰的船只一起训练,寻找时机向福建进攻。

1633年10月22日,料罗湾战役爆发。这天清晨,150余艘明军战舰悄悄来到科罗湾附近。料罗湾本是金门岛南部的一个海湾,在上一次厦门海战后被荷兰人所占领,而且这里还有刘香等海盗一起保卫,防守十分严密。这150余艘战舰中50艘为炮舰,荷兰称其为"戎克船",其他都是火船。炮舰上装备的都是先进的佛朗机以及其他一些从欧洲进口的大炮,每艘战舰火炮装备都在10门以上。火船则装备了可以点火的柴草。在金门盘踞的荷兰人有11艘大型战舰以及50余艘海盗船。大型战舰每船载8~9门大炮,其余海盗船则仅有很少拥有火炮。

当两军在料罗湾东南角接近时,明军采取火船在前,炮舰在后的阵形快速接近荷兰军队。荷兰人则摆出荷兰炮舰在中间,其他海盗船四周围绕的阵形。战斗一开始,明军便使用大量火船直取荷兰舰队,其他辅助战船纷纷开始打击与荷兰人联合的海盗船。

对于海上战术丰富的荷兰人来说,第一次见识到如此多的炮舰和火船的联合组队,即使是过去与西班牙人的对战中也没有遇到过。所以荷兰军舰纷纷发射火炮,希望在远距离将火船消灭。但火船众多,让荷兰人根本无法全面顾及。没多久,三艘荷兰炮舰便被火船搭住并烧毁。另外还有两艘炮舰被明朝炮舰打沉。其他战舰见势不妙纷纷向台湾逃窜,明军随后追击,在追击过程中,又一艘荷兰战舰被俘获。刘香的海盗船几乎全军覆没。

在战斗中,荷兰军队被俘获118人,杀死20人。明军获得荷兰人盔甲、刀剑与版图等无计其数。荷兰人野心勃勃的军事行动至此落了个老本赔光。战后,荷兰人不得不接受明朝苛刻的条件,赔偿明朝损失,从此不敢骚扰明朝海疆。

这次海战是一次完美的明朝对荷兰的反击战。在这场战争中,郑芝龙将欧洲的武器、战术与中国的船只相结合,组建出强大的海上军事力量,打破了荷兰人海上不败的神话。他尽管是海盗出身,但对于新科学技术的模仿和学习却是后来的清朝政府最应该学习的。料罗湾战役后,明朝的海疆趋于平静,荷兰人愿意赔款并听从明朝的调遣。此后,在郑氏的经营下,明朝末期东南沿海的海洋贸易日趋繁盛,开启了新一代的海上丝绸之路。但是,明朝末期与清朝的战争,使这种展望戛然而止。本身与世界齐头并进的中国开始了闭关锁国。到200年后,当英国人再次循着荷兰人的足迹来到中国沿海时,发现的却是比200年前还要落后的舰船技术,这不能不说是一个天大的笑话。

第七章　英帝国火器兵

我们这里说的英国军队是英格兰军队,有时也会少许加上一些苏格兰的军队。但因为在整个中世纪到近代,英国更多地是指富饶的英格兰地区,不包括今天的苏格兰和威尔士高地,所以并非是今天的整个英国。

虽然在与维京人的战争中,英国并未全部被征服,但英国在1066年的黑斯廷斯之战后,却被维京人的后裔所征服。此后的英国一直在和分裂后的西法兰克即未来的法兰西进行着各种战斗。尽管绝大多数时间,英国人一直都在使用长枪兵与戟兵,但因为蒙古西征后欧洲各国纷纷研究火器,英国也不得不加入了这个阵营。

1337年,英法百年战争打响,英王金雀花王朝国王爱德华三世将火炮兵第一次放入士兵的队伍之中。据说当时英国大船上使用的是小型铁炮,虽然发射距离和准确度不高,但也对法国军队,特别是法国引以为豪的骑兵造成了相当大的威胁。但百年战争最后在15世纪还是以法国的胜利而结束,英国被禁锢在英伦三岛上。法国因为这次战争得到了国家常备军,君主成为绝对权威,成为此后几百年欧洲大陆的霸主。而英国却因为战争的失败被扔出了欧洲大陆,回到了到处是水的岛屿之上。而这次战争的失败也使英国的王权尽失,英国国王越来越像一个摆设。

因此在军队上,英国在15世纪各国都开始使用雇佣兵的时代,却开始使用农民征调法,即国家民兵系统。1181年时,英国国王因为无法征到更多的士兵为自己作战,而发布了武器训令。因此在英国,每个男人到达年龄后,都必须根据自己的家庭状况准备一套服装,专门用于战争，无论是骑士还是农民都必须如此。这一传统到 16 世纪不仅还在继续，甚至还有所加强。亨利八世在 1573 年要求所有英国男人都必须在特定的时候由召集官召集，然后进行集体训练。特别是火绳枪与燧发枪被用在实际战争后，一部分农民再也无法回到土地上，与此相应的是长时间训练射击准度与队形变换，已达到可以随时征召拒敌的作用。

17 世纪中叶，英国革命形势如火如荼，国家民兵系统名存实亡，各地农民不愿听国会的要求到各地去参加战斗，因此由克伦威尔领导的由国会统一发放军饷的新模范军应运而生。虽然该军队在 20 年内所向披靡，但 1660 年英国斯图亚特王朝复辟后，该军队即被解散，再次回归为原有国家民兵系统。

18 世纪初，英格兰与苏格兰合并，近代英国军队出现。该军队即后来的红衣军团。他们无论步兵骑兵，都普遍配备枪支作为武器。这些军队人员，基本都来自国家强制兵役。虽然该军队是新型并长久的保卫英国的力量，但却一直未得到皇家承认，所以至今没有任何一个陆军军团有皇家字样。相反，海军和空军反倒经常出现皇家。这也是英国的一个奇怪现象。

1714 年，汉诺威王朝建立。该王朝君主本来是神圣罗马帝国的一个选帝侯，但因为英国国王绝嗣，英国按照 1701 年王位继承法，使前面 50 位继承人都失去了即位的可能，反而是汉诺威的乔治一世成了英国的新国王。从国王乔治一世到维多利亚女王，汉诺威王室时期的英国军事力量蒸蒸日上。特别是法国太阳王的崛起，令英国无时无刻不提防着法国，所以军事力量的增强也就成了英国每天都在关心的问题了。

到 19 世纪的维多利亚女王时期，英国成为世界上最强大的国家，成为世界上第三个"日不落帝国"。

武 器 与 装 备

说起来英国的军队曾在 14 世纪便开始从欧洲各国进口火器，进行内战。但因为英国地形的关系,虽有火器但却基本没什么用处。因此在之后的两个世纪里,英国索性放弃了火器的购买与仿制,在这两个世纪中,英国的火器竟然一点都没有向前发展。15 世纪,火绳枪风靡欧洲之时,英国也从神圣罗马帝国、西班牙等国进口了一些装备军队,但这些火绳枪兵更多的是配合作战,隶属于弓兵,实际意义几乎没有。而且本来陆军也不是太受重视,自然火器兵的建立也要远远晚于欧洲大陆各国。

但英国的大炮却几乎年年都在进口。这是因为英国是个岛国,四面环海。如果想保卫国土,那么最有效的办法莫过于建立一个强大的海军,这样敌国军队到不了近海就已经基本被消灭殆尽。可以确定的是,英国此后也确实一直以此瘸腿军队保证着国家安全。所以作为武装海上力量的大炮成了英国火器兵最常使用的武器。在百年战争时期,火炮兵便被独立出来,他们隶属于海军,负责的就是船上开炮的工作。当然,因为火炮太多,英国还专门派遣了一些专业火炮维修工一起参战,这在当时各国军队中也是一大特色。

百年战争时期,英国的火炮发展被法国远远抛在了后面,当英国人还在使用经常会发生爆炸的大铁炮的时候,法国已经开始使用铜炮。英国人的火炮大部分装载于船只之上,而法国的火炮大部分是可以在陆地上移动的。这样的结果可想而知,最后法国因为火炮更轻便、机动性更好,最后将英国彻底逐出了欧洲大陆。

直到都铎王朝建立后,著名的国王亨利八世于 1525 年开始铸造自己研发的火炮,英国才一改进口火炮的历史。这主要归功于英国据有著名的康沃尔锡矿,用该矿即可生产出大量的青铜,而铁英国也有。因此,铸造大炮就成为亨利八世最喜欢的事情之一了。在他刚一即位时,便要求各地能工巧匠集合来为他制造欧洲最大的战舰——上帝的亨利号。该战舰全部使用英国本土的材料,不再使用各种进口火炮。该战舰于 1515 年下水,排水量 1 500 吨。上面装有铁炮 130 门,分别为炮门炮 14 门;斯林格炮 4 门;半斯林格炮 2 门;福乐斯炮 8 门;巴塞斯炮 60 门;桅楼炮 2 门;霰弹炮 40 门。铜炮 21 门,分别为加农炮 4 门,半加农炮 3 门;卡尔夫林炮 4 门;半卡尔夫林炮 2 门;萨克斯炮 4 门;加农—派勒斯炮2门；福康炮2门。以及手炮即手枪100支。这艘战舰的大炮包括当时欧洲所有正在使用的战舰大炮，可以说是当时欧洲首屈一指的无敌战舰。对于其他普通战舰来说，就没有这么好的待遇了。不过比起其他欧洲国家来说，英国的战舰水平上也仅次于西班牙而已。但对于单纯炮兵作战来说，英国则远远落后于法国。

因此在16世纪末到17世纪初的伊丽莎白一世时代，英国火炮进入了改革期。英国军队将在过去使用的超级繁杂的火炮统一改为标准长度、口径、射程的16种火炮。而这16种火炮又被分为3大类，即野战炮、攻城炮与要塞炮。在实战中，英国人发现了西班牙人没有发现的大炮的秘密。即最长的大炮只要维持在3米即可，这是因为黑火药射出的距离是随着炮筒长度而加长的，但超过了3米这个极限，就算是再长的炮筒也和3米的大炮射程一样。另外英国人还发现，如果使用石质炮弹打击敌方战舰要比铁质炮弹效果更佳，且碎石造成的船体损坏更不易维修。所以对于资源并不多的英国人来说，这绝对是两个非常好的消息。而未来的英国也确实是这样去办的。

野战炮分为蛇炮、半蛇炮与鸭炮三种。蛇炮口径为12.7厘米，重量为1.25吨，平均射程400米，最大射程2 600米；半蛇炮口径11.4厘米，重量1.5吨，平均射程360米，最大射程2 300米；鸭炮口径为3.2~9厘米，重量45.4千克至1吨，平均射程300米，最大射程1 800米。攻城炮分为皇家加农炮、加农炮与半加农炮三种。皇家加农炮口径20.32厘米，重量3.5吨；加农炮口径17.78厘米，重量2.5吨；半加农炮口径15.24厘米，重量1.75吨。要塞炮即蛇炮与加农炮，具体标准与前面一样。因未规定炮长的原因，各种炮的炮长一般为口径的10~30倍长。

17世纪中叶，英国进入内战时期，这一时期英国的武器和装备开始了全面性的变化。在当时，欧洲各国已经出现了比较完整的近代化军队已经在欧洲出现体系。特别是马基雅维利的《君主论》，令欧洲各国纷纷开始了武器装备的扩充与革新。特别是在英格兰资产阶级革命期间，大量新式武器与新式军队编制被创制出来。

这时，出现了著名的"狗锁"式燧发枪，该枪统治英国军队1个多世纪的时间。顾名思义，就是燧石击发锤像极了一个狗头，而且名字直译确实也就是狗锁。该枪为八角形枪身，至今仍有大量存世。从存世品中可以看出，该枪属于早期式燧发火枪，直接承袭于瑞典火枪风格，因为其最早出现在英国，也被称做英国锁枪。这种枪在英国内战以及殖民地战争中被大量使用，不过最喜欢装配这种枪的人却很奇怪的是英国的海盗们。

"狗锁"式燧发枪属于第一代燧发枪，也就是最早取代火绳枪的那种燧发枪，后世的燧发枪基本全是遵循其风格改良而制造的。在之前的章节中，我们曾说过，西班牙人最早大量装备燧发枪，但其是从火绳枪发展而来，比较笨重，到英国制造燧发枪的17世纪，燧发枪才基本成形并趋向于同一款式。

狗锁式的枪机是用带弹簧的阻铁而非制轮楔，是在击锤的后边开一个小洞，小洞里面是一片有阻铁弹簧的阻铁与扳机联动，当击锤往上扳动到阻铁制动器位置后扣住击锤成为待射状态时，然后扣下扳机联动阻铁缩进去放开击锤，击锤释放主弹簧动能向下锤击火帘片产生炙热的铁屑引发引药锅里的黑火药燃烧，并点燃引药锅旁边的引火口里的黑火药传导至爆炸室爆炸膨胀而射出弹丸。

可是这种枪却不存在锅盖设计，再加上阻铁经常造成走火误伤，使这类枪在潮湿天气根本无法作战。即便是如此，但在实际使用过程中，各国仍旧经常采用该武器作为国家武器战备。后该武器传到阿拉伯世界，阿拉伯人以此为蓝本制造了工艺更加精湛的燧发枪。

英国为什么要模仿瑞典的枪支构造结构呢？因为当时的瑞典国王古斯塔夫二世时期，曾根据神圣罗马帝国的火枪制造了当时最先进的火枪。该枪重量比过去减轻了不少，而且配发统一生产的"纸包子弹"，使火枪兵更加规范化、职业化。所以各国争相学习瑞典的制枪技术，英国自然也不会例外。

"狗锁"式燧发枪虽然在英国内战时期就已经开始使用，但真正被军队大量使用却是在1714年。那一年，英国皇家军械局与英国陆军签订协议，愿意大批量制造该武器。显然这只是一个暂时的选择。因为从这时开始，英国开始了对世界各地的抢夺和占领，大量的战争使英国军队希望更快地打倒敌人,所以不得不让英国军队寄希望于找到更好更合适的枪支。

就在这一时期,锁簧火帘火枪技术开始逐步发展起来。该枪支的一个代表就是"棕贝丝"。1730年,英军出现了一种枪支,名为1730式燧发枪,也名"棕贝丝"。该枪使用铁制枪管与木制枪托,其中木材大部分来自新大陆,质量极好。它的枪管长度为1 067毫米,口径19毫米,子弹口径则为18毫米。这是英国人的一项发现,他们发现子弹口径越小越容易打偏,越接近于口径反倒越击发准确。这是因为口径小的子弹会在射出时在枪筒内上下"游动",所以在射出的片刻不一定在正中心位置而造成偏离性射击。但如果子弹口径接近于枪筒口径,就少"游动"甚至不会"游动",因此便会使射击更加准确。"棕贝丝"的设计便是基于这个目的,所以也就使该枪支在之后的200余年内一直在战场上大量使用。

不过在1730年时,该枪支还会因为没有统一的标准出现一些问题,但到了1742年,该问题便全部解决了。这一阶段,正处于英国殖民地战争时期,因此各种改良种也就纷纷出现了。1742年,比"棕贝丝"短小精悍的1742式燧发枪出现。1756年,比"棕贝丝"更重,但杀伤力与稳定性更好的1756式燧发枪出现。1756式燧发枪虽然比1730年式燧发枪重,但其良好的性能使英国军队愿意长期使用,后来该枪也成了海军的标配。

随着英国与美国殖民地的战争越来越激烈,英国又出现了1768式燧发枪。该枪枪管全部用黄铜制成,枪托仍旧为木制,总长度为1 473毫米,铜管长度1 067毫米,口径19毫米,重量4.6千克。不久,1777式燧发枪也被制造出来,该燧发枪主要应用于日益升级的欧洲大陆战争之中。因其性能良好,所以大量在欧洲的英国盟国都纷纷开始购买英国的枪支,使英国枪支一时供不应求。对于英国枪支的走俏,法国采取了阻断措施,到处派船只阻截,使英国在新大陆的原料产地与本土无法有效贸易,1795年英国不得已将新式1777式燧发枪改在英属印度制造。

因为原料问题,印度制造的燧发枪铜较亮,但木材却偏棕黑,质量不如新大陆的好。可是英国已为拿破仑战争拖延的焦头烂额,还是让英属印度制造了大约 300 万支,以供应欧洲战争所需。该枪总长 1 448 毫米,枪管长度 990 毫米,口径 19.8 毫米,重量 4.5 千克,参数都小于 1768 式与 1777 式燧发枪。

军队的构成

英国在中世纪的前半期一直以来都是以分裂状态面对世人的,所以英国军队直到中世纪中期都没有一个统一的军队组织和构成。在 14 世纪之前,英国的军队来源非常混乱。如骑兵来自诺曼各领主和骑士家族的人们,步兵来自各地征召的农民和部分苏格兰凯尔特士兵。弓兵和矛兵则来自威尔士的凯尔特人。这些士兵来自的地方很多都是相互敌对的,甚至有仇恨的,因此在战争中经常不能协同合作。是而且大部分兵士只能在农闲时征召,农忙时则根本没戏。不过,对于这些英国人还是创造了著名的"英格兰体系",在英国统一战争和百年战争中都取得了不俗的战果。

正如在前面西班牙部分所说,欧洲各国在冷兵器时代的链子甲逐渐被更厚的板甲所代替,原本用来传统锁甲使用的长弓基本没法将对方的士兵盔甲穿透,威慑力大大降低。不得已,只能使用火枪来打穿厚厚的盔甲。1595 年,英国发布了长弓禁令,火枪兵便成为替代弓兵的唯一选择。这个可以从 16 世纪英国火枪兵人数的变化看出来,在 16 世纪上半叶的亨利八世之时,火枪兵人数约为步兵的 1/4。到了 1580 年前后已经上升为 1/3 到 1/2。

另外我们必须要说的是,英国从 15 世纪末开始使用国家民兵系统,该系统本来是英国早期各领主为了保护自己的领地而组成的私人武装,不过只限于农闲时候,而且还必须都是在领主土地上的农民们才能成为民兵。后来,英国王室也开始征兵,要求各领主贡献出自己的一部分民兵兵员为国王打仗。对于领主来说,按照封建制度贡献是必须的,但是贡献什么样的就是领主自己的选择了。因此,大量没有经验的新手被征召到国王的军队中,由此可见英国为什么中世纪时期一直只能靠将官取得胜利。

英国火炮一般编制为3人,包括炮手1名,副炮手1名与火药装弹手1名。炮手和副炮手两人推动大炮,火药装弹手一般背有药筒,随火炮机动行进。在发射之时,由火药装弹手用大勺挖出火药填装,并使用铁制或铅制弹丸发射。如果在天气状况比较好的情况下,一般能每小时发射8枚左右。

无论是否读过英国史,几乎所有人都知道英国红衣军的存在。英国红衣军其实起源于都铎王朝时期。在该王朝末期,各国为了分清本国士兵,开始统一制服。而伊丽莎白一世也赶了这个风潮,初步确定英国军队使用的颜色为白色或蓝色。主要是因为英国的棉纺织业中,最容易供应的颜色就是白色或蓝色。后来,各地军官也开始走这一风潮,他们会根据当地的物产以及指挥官的个人爱好,选择合适的服装。

在与西班牙的战争中,荷兰出现了一系列的改革,一跃成为欧洲最强的军事系统组织。不过,对于荷兰的改革,英国人表示不以为然。甚至到了17世纪20年代,英国军队仍旧使用长剑兵与火枪兵对半分的军事阵形。1638年,苏格兰人发动的起义,也称第一次主教战争开始,在两年的时间内苏格兰仅凭其冷兵器时代的武器就攻到了英格兰北部。对于一直处于统治地位的英格兰人来说,这是不能容忍的事情,因此查理一世只得重新召开已经关闭了多年的议会,要求收税征兵。但国会的议员们却纷纷指责并讽刺查理一世的错误,并不买国王的账。对此,查理一世感到非常愤怒,便命令500名禁卫军包围了国会,声称要逮捕5位议员。不过国会却早已保护起了他们,使国会与国王彻底决裂。

1642年国会召集军队开始与国王为敌,揭开了英国内战的序幕。这其中,一位名叫克伦威尔的人在战争中崭露头角,并被奉为护国公。他率领的国会军就叫作"新模范军"。为了与国王的军队制服的白色和蓝色相区别,他选择了鲜艳的红色作为外罩的大氅,以表示自己的革命态度。该军队在随后的战争中所向披靡,为英国内战中国会的胜利立下了汗马功劳。因此，老百姓便根据军队的穿着俗称其为"红衣军"。

　　1660年，英王詹姆士二世将国会军收归己有，并保留下红色军服，但是因为他们"反叛"过国王，所以"皇家"称号一概免除，这也就是直到现在英国陆军都没有皇家称号的真实原因。后荷兰执政威廉来到英国，英国成立君主立宪制政体，红色军服仍旧被保留下来。此后的200年，英国军队到达世界各地，其红色军服也被世界各地的人们所熟知。最后，红衣军彻底成了英国军队的代称。1902年，英国军队换装，红衣军的称呼自此消失，终于成为历史的一个片段。

　　在拿破仑战争时期，英国引入了军这个概念，一般由1万至3万人组成这样一个军事单位，之下还有旅、混编旅、团等单位。不过，这一改变用了足足一个世纪的时间，相对于法国相同情况的转变，可算是慢到了极点。

战 例 与 战 术

　　英法百年战争中，英国以输掉在法国的全部土地为最后结果，英国的触角不得已将所有在欧洲大陆的土地吐出来，只能缩在大不列颠的海岛之上。这一结果是英国人所不愿意看到的，因为他们再也无法干涉大陆事务，只能由崛起的法国在欧洲大陆横行。正因为英国的孤立，所以也就诞生了英国式的特殊战术。其中大局上有两个战术。一个战术是联合战术，即将法国永远都作为头号敌人，第二个战术是打压战术，即如果欧洲大陆哪个国家崛起，就与其他国家联合一起将其打压下去。而微观上也有两个战术，一个是线性战术，该战术来自荷兰和西班牙的创造，即将火器兵排成排，一排排地射击，当某一排不射击时就利用其他排射击的间歇填装火药。第二个是海盗战术，因为早期海战中英国占绝对劣势，所以只好利用海盗来对付各个强大的国家，后期英国舰队强大后，英国有时也会继续使用该战术，主要目的就变成了声东击西。

陆地战

英国内战时期，以国王为主导的保皇党与以国会为主导的联军进行了多场战斗。在这些战斗中，两军使用近似的火器，制造出了各种各样新式打法。

在人们心中，保皇党这个名词就代表破旧与古板，而实际确实也是这样。在英国内战前后，保皇党的人心目中的军队就是中世纪的军队，他们要穿着厚重的盔甲，携带着长矛和长剑，骑着武装起来的骏马才能战斗。他们打起仗来喜欢各自为战，缺乏协同作战。在战斗中，他们就像在打猎一样，不过确实很英勇。相对于国会军来说，他们则掌握了所有先进武器，将燧发枪、卡宾枪发给每人一把，有的骑兵甚至每人拥有两把火枪。

在他们之间打的一场典型的战役是1642年的埃杰山战役。在内战初期的时候，无论是保皇党还是国会军的军队都是临时组建起来的农民，他们并不善于打仗，即使有名将的指导，最后的战局也不好说是谁能赢。但保皇党有个优势，那就是他们很多人的祖先曾经作战过，在日常生活中就教过他们的后代如何去战斗，因此只要稍加指导，这些人就能成为优秀的步兵与骑兵。从这点上来说，保皇党是稳操胜券的。

1642年，就在查理一世无人协助之时，22岁的侄子莱茵亲王鲁伯特从德意志回来，他带来了当时最先进的瑞典线性战术，并将其运用在英国的战争之中。他认为骑兵应该使用瑞典式的3重横队式的作战方案，而步兵应该在3排到6排之间进行变换，从而可以有效地保护火枪兵们。埃杰山战役是他将这一策略使用在战争中的第一次大型尝试。

与其对战的是国会军的埃塞克斯伯爵。埃塞克斯伯爵非常喜欢荷兰战术，在战斗中一般都喜欢按照荷兰的战术，将军队分为3个部分，一排射击完毕后再由下一排继续射击。

两军在伦敦附近的埃杰山相遇。保皇党军队占据了山坡的位置，从山顶到山坡按照瑞典战术进行排兵布阵。5个步兵旅呈棋盘状，骑兵则在两翼进行护卫。后面的山顶，鲁伯特部署了6门重炮，前面则是

12门轻炮压阵。埃塞克斯伯爵率领的国会军部署在埃杰山和凯恩敦村之间的红马谷。他使用荷兰战术，将3个步兵旅横向排开，两个侧翼也为骑兵所占据，但在骑兵附近有大量火枪兵对其进行保护。前沿阵地部署了9门野战炮，后面则有7门大炮压阵。在他们中间是一条小溪与两侧的大量石楠灌木丛。

鲁伯特的保皇党军队准备先行进攻。鲁伯特要求骑兵向前冲锋，不许后退，即使是国会军用枪打到都不得为了战功而去杀敌，直到突入敌阵才能开始杀敌。虽然部分人按照他的命令去做了，但还有一部分人仗着自己祖先的功勋，还是没有听从他的，自己去杀敌了。为了挡住保皇党军队的进攻，国会军的炮兵与火枪兵不停地向着他们开火。寄希望于如此可以将保皇党军打退。但令人沮丧的是，保皇党军非常"敬业"，无论国会军怎样射击都坚决不后退，就算是有的地方的人被打倒了，他们也会迅速补上。如此，保皇党军的骑兵越来越近地接近了国会军。

国会军见无法打乱阵形，左翼的拉姆齐爵士便命令火炮到达山顶，用地势优势打击敌人。而原本在前面射击的火枪兵，被他要求后撤到小溪后面，左右两面又搭起了屏障。他认为，保皇党军如果想冲破这里就必须分散阵形，那时就是进攻的最佳时机。可是，在鲁伯特的领导下，保皇党军却遵循着3排以及3条战线纵深的瑞典战术，令使用荷兰战术将士兵排为6排的国会军三面被围，被动的情况之下。为了解脱困境，拉姆齐爵士决定也将6排军队合并为3排，极力扩大军队的横向长度，使保皇党军无法围攻。

果然，当保皇党军离国会军越来越近时，他们开始被各种屏障弄得分散开来，几个一群数个一伙地向前开赴。这正给了国会军以时机，因此国会军便加强火力，专门打击分散开来的骑兵部队。这时候，如果是瑞典军队，也许他们还会重新集结起来，但对于这些保皇党军来说，他们并未受过严格的军事训练，只是凭借自己的勇气和家族的荣耀硬撑而已。

但这种硬撑也是有好处的，那就是在损失1/3骑兵的情况下，保皇党军真的到了国会军眼前。保皇党军渡过了小溪，朝着山坡冲锋，受到惊吓的国会军士兵立即拿起燧发枪还击。但他们唯一忘记的一件事情就是,燧发枪是有设计距离,空往远处打是不一定能打倒敌人的。但国会军明显吓破了胆,在保皇党骑兵还未到跟前之时就大量射击,虽然有些命中,但经不住保皇党军迅速的冲锋,当冲到国会军士兵之前,国会军早已没有时间装填子弹继续射击。由此,国会军的左翼溃败了。

左翼拉姆齐爵士率领的部队的溃散,造成了一些恐慌,有些国会军队也跟着一起逃跑。鲁伯特对于这个机会绝对不会放过,因此他率领保皇党军第一排去追赶这些溃逃的军队。这时,保皇党军的第二排也被吸引,他们随后也跟着一起追了出去。如此一来,保皇党军约有一半的人都去追击逃跑国会军。在追击中,保皇党军获得了大量国会军的辎重与粮食,而且还逼迫部分国会军逃回到中央阵形的步兵之内,求得步兵的保护。

同样的,在国会军的右翼,也遭遇着近似的状况。国会军的右翼由威廉·贝尔福爵士领导。他们同样遵循着荷兰战术,将军队分为6排,分别向保皇党军射击。这边的保皇党军不再使用另一翼的战术,而是分出一部分军队进行包抄,希望能同时从前后两侧将国会军歼灭。但他们却发现根本无法做到这一点。这是因为国会军右翼已经提前一步将部分军队放到中央军队中,而且埃塞克斯伯爵还将部分新式龙骑兵加入到这里。龙骑兵一般认为是法国的发明,后来却被欧洲各国所接纳。该骑兵不是纯粹的骑兵,而是骑在马上、携带着枪支的步兵。准确来说,龙骑兵就是骑着马来到战场,然后下马进行战斗的军队。

这支军队的加入,使国会军右翼实力大增,令保皇党军的包围战术不再起效。保皇党军为了获得主动,便命令军队侧向进攻。结果两军陷入混战,但总体来说保皇党军占据上风。

就在此时,埃塞克斯伯爵突然祭出了杀手锏。他调来了自己的精英骑兵部队,即骑兵预备队。该部队成员主要都是胸甲骑兵,他们大部分曾参加过三十年战争,且非常英勇。当鲁伯特的军队都去追赶国会军的逃兵时,这支军队出现在战场上。他们携带着长矛与火枪,一次次地冲击着还在战场上打仗的保皇党军队。当时的保皇党军队因为与国会军胶着,所以战线拉得非常长,正给了国会军骑兵以可乘之机。他们利用骑兵的优势,在冲击中用火枪与长矛将保皇党军一一打散。结果战局完全逆转,还在战场上的保皇党军被冲击得溃不成军,纷纷逃跑。

不一会儿,追赶国会军逃兵的保皇党军回来后才发现自己的大部分部队已经被消灭,整个战争竟然最后以保皇党军的失败而告终。

在这场战争中,英国人发现了瑞典战术体系的优越性,遂逐步抛弃了一直奉为圭臬的荷兰战术体系。而且,在战斗中,骑兵与火枪兵协同合作,也成为英国人的经典战斗模式。克伦威尔时期,战术又进行了改变,但其改变的基础仍未离开瑞典体系。

当普鲁士崛起后,普鲁士的战争方式又成了英国人继续学习的榜样。特别是英国采用了普鲁士人发明的节拍行军法,使军队整齐划一,战斗力强悍,结果于18世纪时在除南极洲外的所有大陆畅行无阻。

水战

16世纪西班牙是世界上的超级大国。在15世纪末西班牙将穆斯林赶出欧洲大陆的同时,哥伦布发现了美洲。要知道,这一发现几乎改变了整个世界的走向。西班牙人在16世纪上半叶,无数的舰队在欧洲和美洲之间航行,甚至后来更是到了非洲和亚洲。根据现代人的统计,从1545—1560年,西班牙从海外运到国内的黄金达5 500千克,白银更是超过24万千克。此时,全世界贵金属的开采83%归其所有。而这些钱财使西班牙的国力大增。西班牙国王利用这些钱财,大肆购买各种先进武器,并笼络各地能人到西班牙生活。一时间,西班牙首都里斯本几乎成了全世界的中心。

为了保护西班牙的贵金属开采以及海上霸权,西班牙建立了一支超级舰队,这支舰队具有100余艘战舰,3 000余门大炮,海军人数更是数以万计。在勒班陀海战中打败奥斯曼帝国后,这支军队显赫一时,更扩张到具有近千艘战舰。这支舰队在16世纪下半叶横行于地中海和大西洋,成为名副其实的"无敌舰队"。

而英国从都铎王朝时期开始，便与天主教世界背道而驰且越走越远。西班牙虽然为了遏制法国的壮大，与英国多次结盟。但西班牙作为历史上的天主教国家，认为英国新教的"背教"是一种错误的行为，所以时不时常地会对英国进行一些咒骂，而且也只把英国作为一个小伙伴看待，有用的时候就拿来，没用的时候就扔掉。而且西班牙还联系教皇一起将英国臣民对英国国王效忠的习俗撤销。到伊丽莎白一世即位时，西班牙这种高高在上的感觉让英国国王非常不爽。

因此，对于西班牙的这种行为，英国国王伊丽莎白一世表示不可容忍，总是在找机会想教训自大的西班牙。特别是当时的英国经济实力大幅增强，资本主义萌芽发展迅速，急切需要找到更多的海外市场进行贸易，但西班牙、葡萄牙和荷兰已经将几乎所有的海外市场全部包揽，英国想插足简直比登天还难。但英国绝对不甘于只做一个西班牙的小伙伴，所以，伊丽莎白一世一直希望找个机会报复西班牙，抢夺下更多的海外市场。

为此，伊丽莎白一世先使用了小偷小摸的方式，对西班牙的海外殖民地运输进行掠夺。最主要的问题是英国的海军在近代历史之前一直就不算强大，基本要依靠北欧联盟与汉萨同盟协助运输货物，保卫疆土，而自己的海军全部加起来，连南部的土地都无法守住。而且正如前文所说，在16世纪下半叶英国的民兵体系崩溃，代之的是各地的雇佣兵体系。属于伊丽莎白一世的舰船顶多只有40艘，相对于西班牙近千艘的战舰，完全不是一个档次上的。伊丽莎白便想出了用海盗盗取、劫掠西班牙船只来扩充英国国库和税收。她将战舰租借给各类海盗，其中最著名的如德雷克、霍金斯等，他们还被英国女王加上海军上将的头衔。作为回报，这些海盗将部分战利品交给英国女王管理。

对于英国的挑衅，西班牙国王腓力二世非常不满，他怂恿英国的天主教徒将信奉天主教的苏格兰女王玛丽扶上王位。但这一举动却被伊丽莎白一世发现，借此处死了玛丽。1587年，西班牙借教皇之口，宣布天主教国家要对英国进行圣战，开始了一场对英国的大型海战。这场海战最重要的一次战役发生在1588年，这场战役就叫作格林夫兰海战。

从使用海盗掠夺西班牙物资时,英国就已经知道西班牙一定会找机会对英国宣战。所以进行了长达十余年的准备。在海盗战争中,英国人发现小型船只运动性、灵活性更好,且可以转载短途火炮,在西班牙大型战舰发射一次的时间里发射两次炮弹,因而能在有限的时间里最多地给予对方攻击。特别是这期间英国人发现火炮的长度是有一定限度,如果超过这一限度,火炮管不管多长,射击距离都是完全一样的,所以英国此时开始制造的火炮都最节省材料、效率最高。同时,对于西班牙式的巨型战舰,英国也进行了模仿,制造了部分大型战舰。而这些战舰在与西班牙的战争中,也发挥了应有的效果。

对于英国人的这些准备,很显然西班牙更占一些优势。一方面是西班牙的正规实战经验相当之多,特别是在勒班陀海战中,西班牙舰队的优秀表现,让西班牙舰队的实战经验更上一层楼。另一方面,西班牙拥有整个欧洲最优秀的造船队伍,他们来自意大利、北欧和神圣罗马帝国,造船技术和经验都世界数一数二,特别是在勒班陀海战中,西班牙人获得了威尼斯人制造的巨型帆船,军事实力完全是一边倒的。

1587年,正当腓力二世准备秒杀英国之时,英国海盗德雷克在英国女王的授意下对西班牙进行了一次偷袭。这次偷袭中,德雷克率领自己的舰队,在西班牙海岸附近击沉了部分正在集结的西班牙军舰,而且西班牙正在制造中的军舰也受到了波及。据统计,西班牙共损失24艘战舰,暂时失去了出战英国的可能。正当西班牙军队在次年初将舰队再次集结完毕时,统领海军的、曾指挥过勒班陀海战的圣克鲁斯侯爵去世,西班牙大军只好换为帕尔马公爵与梅迪纳公爵总领军队。之后在1588年5月9日,西班牙无敌舰队率领130艘战舰与300艘平底登陆舰出发了。

西班牙这130艘战舰,吨位在600~1300吨不等,总吨位为57868吨,火炮总计为2431门,驾驶的海员为8050人,所载陆军为18973人。加上划船的奴隶和其他人员,共计60493人。西班牙舰载加农炮163门、皮里尔炮326门、长炮635门,共计1124门大炮。由此可见,西班牙的战术将是想将英国舰队歼灭,准确地说就是先将英国舰队打散,然后接舰登船,杀灭英国的有生力量。其中分为10个支队,它们分别为葡萄牙支队、卡斯提尔支队、安达卢西亚支队、比斯开支队、古普茨克支队、意大利支队、圆船支队、差船支队、中型帆船支队与长船支队。

对比性的，英国女王任命霍华德为海军上将，将英国所有的 40 艘战舰与 157 艘海盗船集中起来，这些船的吨位基本在 200～300 吨，绝大多数都是轻型战舰。英国舰载加农炮 55 门、皮里尔炮 43 门、长炮 1 874 门，总计 1 972 门大炮。由此可见，英国的战术是想从远处大量火炮轰击西班牙舰队，使之在行进过程中就沉没掉，无法登上英国船只。英国分为 4 个支队，分别为皇家海军支队、伦敦支队、霍华德支队与德雷克支队。

在中途停靠多次，采购了大量物资后，西班牙无敌舰队于 7 月 19 日来到英国海岸附近。英国的侦察舰在他们还没有靠近之前就发现了他们。英国舰队准备先发制人，再进行一次偷袭，因此，霍华德率领自己的 54 艘战舰，偷偷从港口出发，可没走多久就与西班牙舰队正好迎面碰上。结果偷袭却成了两国的第一次战斗。

7 月 20 日，两军在埃迪史敦碰面，霍华德立即采取战斗模式。不过并没有一个阵形，而仅仅是靠着勇气，率领自己的手下向前冲锋。这是因为在伊丽莎白一世的时代，英国还未有一个强大的舰队，所以也没有更多的阵形能排列出来。西班牙则采取新月形，即主力、左翼和右翼。其中，主力部分对付的是霍华德，而左右翼则对付德雷克。

对于英国人来说，这场战斗占据了天时与地利。天时是风向对英国人有利，地利是在本土附近作战。英国人由此获得了战斗的绝对主动权。英国战舰排成一条长线，利用风向的优势，从上风口打出大量炮弹，用长距离的炮弹与硝烟打击西班牙战舰。西班牙战舰最开始还有能力还击，但不久就发现自己的炮弹根本无法打中距离远且善于运动的英国战舰。发觉自己处于劣势的西班牙人从右翼开始了溃散。

对于无敌舰队从不应有的溃散，比斯开支队指挥官理查德立即要求格兰格林号将溃散的船只赶回来。但就在他刚刚调转船头之时，英国舰队即开始了对他的包围。数百枚炮弹从英国战舰上向西班牙战舰喷射，使这次海战成为空前的大决战。西班牙安达卢西亚支队发现了这个问题，马上参加了战斗。可是他并不了解英国人的作战方式，结果不仅炮弹没有打到英国战舰,反而贻误战机使格兰格林号彻底丧失了作战能力。而当梅迪纳公爵的圣马丁号参加战斗时,霍华德的军队早就跑掉了。

几分钟后,西班牙舰队又有几只战舰起火,虽然霍华德继续采取围攻单舰战术,可西班牙舰队的强大,还是使他丧失了信心,不再进行更多的攻击。夜幕降临,战斗结束,英国人大获全胜。

当天夜晚,霍华德举行了盛大的会议,一方面庆祝胜利,另一方面决定下一步战斗目标。他认为西班牙军队一定会登上怀特岛,将那里变成登陆英国的中转站。而西班牙人确实也曾想过这样做,而且梅迪纳公爵下一步的确是这样做的,但首先的问题是必须将英国舰队赶走。霍华德害怕西班牙人会占领那里,派出了一些军舰去巡航,而他的复仇号是这支舰队的旗舰。

说起来,霍华德还是改不了他的海盗习性,在巡航的时候,他的旗舰突然不见,令所有人好一阵寻找。其实,霍华德听说西班牙舰队皮德罗的一些船只损坏,停泊在近海不能动弹。那些船只上装载有大量珍宝与补给,作为海盗的霍华德自然不会放过这个机会,开始偷袭西班牙舰队,目的只有一个,就是为了财宝。21日晨,霍华德占领了这艘船,将其护送回英国港口,之后才重新出现在英国舰队中。他不知道,就在他开小差见财眼开的时候,英国舰队因为没有主将而混乱不堪,直到第二日才重新集结完毕。

霍华德的这个行动,虽然使西班牙舰队有一定的损失,但却使西班牙人有了重新集结的机会。在这段时间里,梅迪纳公爵将左右翼进行了改组,同时派出更强硬的指挥领导右翼。在完成重新集结后,西班牙舰队继续扬帆向英国行进了。

7月22日入夜前,两军在波特兰附近再次相遇。两军利用夜间时间做好准备,互相保持在射程内。第二天清晨,风向转变为对西班牙人有利。不失战机的梅迪纳立即发出命令要求西班牙舰队进攻。英国人也开始还击。但是没多久英国人的6艘最大型战舰就陷入了西班牙16艘战舰的围攻之中。不过,因为英国人拥有更精良的火炮武器,特别是轻火炮武器的援助,使西班牙战舰不敢靠前,反而纷纷后撤,暂缓了进攻。

战斗持续到第二天,此时英国人突然发现自己的炮弹已经快要用尽,很快就要陷入被动挨打的境地。作为统帅的霍华德只得要求一些人驾驶小艇与快船,到最近的军事基地去找到新的、更多的弹药补充。随后他第一次,也是英国舰队第一次将舰船排成阵形迎击。他与几个统帅,德雷克、霍金斯及弗罗比舍四人带领英国军舰的 4 个支队,分别各自为战。要知道,在此之前,英国人的海战就像陆战一样一塌糊涂,永远都是找到一个地方,然后蜂拥而上,只靠蛮力与运气打赢任何一场战斗。霍华德要求几个支队队长与他一起各自按照各自分配的战斗序列进行战斗。由此,4 个支队形成了 4 个纵列,各自派出 6 艘武装商船来牵制西班牙舰队。而且,各个指挥官拥有自己的权力,可以根据自己的实际情况各自选择合适的战术。

西班牙人对于英国人的战术采用了反制方式。即将 40 艘战舰分调出来,作为前卫。然后主力战舰继续跟进。可是,就在这个各自支队为战的战斗方式将要起效的时候,风却停了。双方想要使用的战术全部被老天所打乱。

7 月 25 日上午,霍华德的巡逻艇发现在自己舰队的南方,西班牙的战舰桑塔阿拉号正在脱离大队独自航行。很显然,是因为前一天的炮击,该舰船被部分损坏。对于这样的机会,霍华德绝对不会放弃,因此他派遣一些小艇到达该战舰的周围发射炮弹围攻。西班牙人发现了他们的企图,也派出几艘中型炮船救援。一时,各种炮弹到处横飞,西班牙人的炮船根本无法靠近桑塔阿拉号,只能眼看着英国人将它击沉。对于梅迪纳来说,这天本来应该是他夺取怀特岛的大日子,可是因为英国人无穷无尽的炮击,使他的预想落了空。其实最重要的还是因为西班牙舰队的炮弹打完了,应该重新补给了。因此他只好暂时向当时还处于西班牙占领下的加莱前进,准备在那里重新休整后再攻打英国舰队。霍华德针对性地也在对岸的多佛尔扎下,时刻警惕西班牙的偷袭。

次日黄昏,梅迪纳公爵率领的西班牙舰队到达加莱的格里尼茨角,他们在 25 日战斗后的一路上没有获得任何补给,直到这里才首次获得补给。虽然补给已经不是问题,但现在梅迪纳公爵却发现了更大的问题,那就是和他一起到达加莱的西班牙舰队船只变成了124艘,6艘战舰已经在战斗中被英军打沉。而英国舰队几乎同时在多佛尔驻锚,霍华德的舰队则会合后变成了136艘。

虽然西班牙沉锚休整,但却因为荷兰正在与西班牙进行八十年战争而根本无法得到补给。西班牙当然也知道这个情况,因此在还未在加莱驻锚之时,梅迪纳公爵就要求一些小船去附近搜集渔船、沥青和木柴,以及各种简单的补给全部都搜集来补充西班牙军舰。霍华德就不同了,他一直就在母国身边,随时能得到各种补给。对于前一天和西班牙舰队的接触战,霍华德认为应该利用长炮去打击西班牙的军舰。因为西班牙军舰都十分巨大,而且所有官兵都训练有素,英国军舰根本不可能使用登上敌舰的方式进行战斗,唯一的办法在远处去炸沉它们。

7月28日,英国各舰长们纷纷来到皇家方舟号军舰舱内,一起进行了战争前的会议讨论。他们认为因为各种补给已经跟不上,现在唯一的办法就是快速进攻英国舰队。他们决定不再等待后援的火船,而是将舰队中8艘200吨级以下的船只改装为火船,然后作为助攻去点燃英军战舰。而且因为这个决定做得过于草率,舰船根本没时间将火炮拆去,就投入了使用。

在加莱稍事休息之际,梅迪纳马上派遣手下人员去要求帕尔马公爵立即采取行动。就在他从加莱出发的时候,得到消息说原来帕尔马公爵还在布鲁吉斯休整,都无一人上船准备作战。随后,他派出的人也回来了,他带来的消息更加准确,14日之内不要想到可以获得帕尔马公爵的援助,因为他根本什么都做不了。原因是裘斯提尼安率领的荷兰舰队在港口封锁,任何西班牙舰船如果想北上,都必须先通过这一关。即使是帕尔马公爵的船员全部上船,他也没有能力将拥有先进武器的荷兰舰队击败,更不可能赶走了。

对此,米特云曾经有过以下评述:"荷兰的船只继续留在帕尔马的船只前,不断地以火力威胁他们,使他们感受到极大的不便。因为害怕这些船只,所以海员们都私自撤退了,因为他们害怕陆军登船以后,帕尔马公爵会强迫他们冲出,以突破荷兰舰队的封锁线。照他们看来,因为港口的平直,这是完全不可能的。"可见这次封锁对无敌舰队的覆灭有多大的影响作用。

西班牙舰队得到其他军舰正被荷兰人阻拦的这个消息后,都有一丝愁云浮上眉头。这时,加莱的总督向梅迪纳汇报,加莱附近不是一个好的停靠港口,如果长时间在这里,英国人很可能会驾驶火船顺风来烧西班牙战船。更令人害怕的事情是,英国舰队停靠的地方与西班牙舰队停靠的地方非常之近,两军几乎都能看到对方的任何动向。为了保证不被英军占上风,西班牙舰队特意在夜里也派出大量人员警戒,防止英国人用火船偷袭。

7月29日清晨,英国人发起了最后的进攻。这次是几艘英国火船一起前来,他们悄悄地贴近西班牙舰队。起初只是假装在附近探查动向,但到达西班牙舰队边上的时候,迅速将船上的引燃物品烧着,熊熊大火顺着风来到西班牙舰队面前。虽然西班牙巡逻兵早已发现了英国人的进攻,但一夜的疲劳令他们失去了判断力,以为只是英军前哨,可是不一会儿却看到的是英军的火船。一时,惊恐充满了西班牙舰队,梅迪纳也得到了消息,便命令赶紧砍断锚索。他希望等火船从中间水道通过以后再重新合并。

这个决定无疑是致命的,因为刚刚经过了一夜的警戒,各艘战舰并不知道具体情况,他们慌乱中将一个锚砍断,风向和海流令西班牙舰队纷纷挤在一起,本来拥有严密阵形的西班牙舰队竟然在火船的威胁下形成了一个到处是破绽的阵形。等火船漂过后,梅迪纳再次要求各艘战船回到原位,但很多船只因为海流问题根本无法回到原位,竟然顺着洋流的方向向东北漂流而去。

梅迪纳尽管多次要求这些漂走的战舰重新回归本位,但没有任何效力。没办法的他只好也跟着这些漂走的舰队船只,他寄希望于在北方再次集结起来。

可是英国人是不会等待西班牙军舰再次集结的。趁着他们的混乱,霍华德的舰队开始了追击的过程。但就在此时,霍华德的海盗本性又一次表露无遗,他发现一艘西班牙战舰正在沙滩上搁浅,便马上开过船去,不惜一切代价,花费了不少炮弹去袭击一艘没有作战能力的船,其主要目的竟然只是要抢夺到上面的物资和黄金。但西班牙战舰也不是吃素的,向霍华德多次还击,直到大部分船员都战死,才最后投降。

霍华德的这个行为令西班牙舰队越离越远,本来很容易看到西班牙舰队整艘船只的英国舰队现在只能看到西班牙舰队的船帆了。霍华德立即命令加快船速去追赶。他的目的是赶在西班牙舰队的前面占领上风,然后利用本已不多的炮弹将西班牙军舰击沉。

对于海盗来说,特别是对于英国海盗来说,在海上追击敌人是冒险也是展现能力的时刻。他们把握风向,利用船小善于转向的优势灵活地进退。他们一会儿跟进西班牙船只发射炮弹,当西班牙船只转向时,他们早已不知踪影。一会儿又在西班牙船只的左舷或者右舷出现,打完一炮后马上溜开,让西班牙人根本没还手的机会。

上午9点,在敦刻尔克海岸处,西班牙舰队摆出了新月形阵形,这一阵形原本是勒班陀海战中的胜利阵形,这次又被梅迪纳拿出来使用。英军的舰队则摆成横排阵形。两军在这里开始了对轰。就在此时,西班牙的两支大型军舰忽然发生爆炸。一艘为军需舰,另一艘为大型战舰。德雷克发现爆炸的舰上有不少物资,便不听指挥冲向爆炸的舰艇,去那里大捞了一把。

下午6点,战斗达到最高潮。西班牙舰队的毁灭也似乎已成定局。可是风向突然转变,向着敌人吹去,这使久战的疲兵大感欣慰。于是霍华德和德雷克立即摆脱了战斗。其实,他们的弹药也已经用完,无法再战了。而李卡尔德的另一艘船只,665吨的马利亚余安号也在此时沉没了。随着这一阵风,会战也告一结束。梅迪纳已经被迫退出海峡,到了敦刻尔克以下的地点,所以离与帕尔马携手的机会也就愈来愈远了。

夜幕降临,西班牙舰队又有3艘战舰被吹上了海岸,舰队颓势已现。随在后面的109艘英军战舰不愿放过这个机会,他们继续跟随着西班牙舰队的方向,战斗并出没。在这个紧要关头,梅迪纳召开了一次战争会议。他决定虽然这时的西班牙舰队早已弹尽粮绝,但如果风向可以转变,西班牙舰队就应该再次控制海峡。假如再也不能进入海峡,那么唯一可行的路线即为绕道北海回西班牙去。

等了很久,风向也没有转向的可能,西班牙舰队只得使用第二套方案,转向北海。8月1日,西班牙舰队准备再次一搏,他们在英格兰的东面组成了包围阵形,寄希望于英国船只可以进入西班牙船只的近处,然后利用西班牙人最擅长的近船登舰战术,直接打一场近战。可是霍华德根本不上这个当,他们在西班牙人准备登舰之时大量发射炮弹,阻挡西班牙缆绳与人员的跟进。然后,英军再次利用擅长的灵活运动方式,将西班牙舰队打得七零八落。

实际上,如果梅迪纳有政治敏感度的话,其实他应该抛弃战舰,直接在英国登陆,煽动苏格兰人来反对英国女王,那样最后的战争结果可能正好会翻一个个。

现在梅迪纳所想的只有赶快逃回西班牙,所以在之后的几天里,他一直率领舰队用最快的速度向北再向西航行,希望越过北海逃回西班牙。霍华德在此时也放弃了追击,于8月7日返回了英国北海方面的各个港口。

在回到西班牙的路途上,舰队也是困难重重,又有不少船只搁浅或沉没。9月12日才赶回西班牙。

在这场战争中,西班牙军队损失至少63艘战舰,而英国人却一艘都未损坏。特别是那些在苏格兰附近毁坏的战舰,上面的船员尽管已经逃到了岸上,但还是纷纷被杀,在附近被围困的船只更是达到了14天都没有淡水的境地。西班牙人的最大问题就是距离补给地过远,本身应该还有近海的荷兰补充,但是那时的荷兰已经发生独立战争,西班牙丧失了离英国最近的补给地。所以说,劳师而袭远,未所闻也。另外,西班牙舰队的船只过于庞大,转向太难,以至于英国人已经炮击多次,仍旧无法转向。对于英国来说,最大的好处就是英国使用的全部是小型战舰,反应迅速,可以在西班牙舰队还未反应过来之时将自己的炮弹发射出去。另一个好处是英国使用了当时世界上最为先进的大炮,在战斗中,可以远距离发射炮弹,而不必担心对方会打到自己,更重要的是免除了被贴近登舰的可能。有这些好处,英国的胜利是显而易见的了。

对于西班牙舰队的失利,腓力二世并没有太大的震惊,他只是平静地说道:"我应感谢上帝,使我具有这么大的权力,只要我愿意,就可以很容易再建一支舰队。只要泉源不断,一道流水虽然有时可被阻止,但也并没有太大的重要性。"从这里能看出,西班牙国王具有一种认赌服输的态度,这也就决定了,西班牙舰队还是可以横行海上,只不过再也没有无敌舰队存在时的荣光而已。

胜利了的英国又是怎样做的呢?英国女王伊丽莎白一世并没有立即嘉奖胜利的海盗们,而是先考虑如何去裁减海军军费,用最少的钱做最多的事。这种做法无疑是对英国有利的,但也伤害了大量海军的权利,令他们对英国女王不很信任。一直到一个半世纪后,英国海军才真正崛起,顶替西班牙位置的是荷兰这个小国。

第八章　法兰西帝国与拿破仑帝国火器兵

对于法国来说,无论是战争的历史还是火器兵的历史,都是既有特色而又非常冗长的。法国真正开始自己的历史是卡佩王朝时期。在987年,法国伯爵雨果·卡佩建立了卡佩王朝,该王朝在14世纪绝后,继续由其旁支的腓力六世建立瓦卢瓦王朝。但是与其有亲缘关系的英国国王爱德华三世却认为自己是卡佩王朝的后裔,所以应由自己继续整个法国。所以,百年战争便于此时开始了。

在百年战争期间,法国一直凭借着自己最强力的骑兵和火炮打击英军。但随着战事的白热化和全面化,法国发现骑兵已经到了退出历史舞台的时候,便全面开始研究并使用火器。从1429年法王查理七世登基后,火炮成为法国人主要研究的方向。1450年,法国出现了世界上最早的炮队,他们使用的远程炮远远超过同时期英军使用的大炮,因此在此后的日子里,法军完全占据了战争的主动,从而在3年的时间内,即将英军赶出了法国。而这次战争为法国留下了一个完全由国王控制的,无论从数量、质量还是装备上都远强于各地诸侯的军队。从此后,法国进入了君主专制时代,成为西欧大陆唯一的霸主。不过唯一可惜的就是法国到这时为止还主要是对于火炮的重视,却对火枪并未重视起来。

也就在同时,西班牙和葡萄牙完成了对伊比利亚半岛的重新征服。西班牙在与穆斯林的征战期间,也形成了一支不可小觑的队伍,几乎在法国完成重新统一的时候,他们也跳了出来,准备着与法国一决雌雄。

一向以大陆制霸为目标的法国自然不可能眼睁睁看到西班牙的崛起，因此也开始发展起自己的火枪。到 16 世纪初，法军已经有了一整套火枪兵的队伍与设施，基本与西班牙处于同一水平之上。但法国却懂得使用自己的优势，即创造了最早的龙骑兵部队。龙骑兵可以在战争中快速冲击，其强大的火力经常令对方士气锐减。

在 15 到 16 世纪的 100 年间，哈布斯堡家族在联姻中获得了西班牙的土地，致使法国除西部海岸外的几乎全部领土都在哈布斯堡家族的包围之中。法国为了争霸，一直在神圣罗马帝国与意大利的土地上扩张，但因为几乎所有的火绳枪与燧发枪的发明与创造都在神圣罗马帝国出现，并且背后还有西班牙夹攻，致使法国军队几乎没有一次完美地成功推进自己的土地。在这 100 年间，因为法国需要大量的兵员，所以开始雇佣各国雇佣兵，特别是瑞士的长枪兵因为技术娴熟，更是被法国大量雇佣并编入军队形成著名的瑞士雇佣军团。虽然战斗力增强了，可是却并没有达到预期的效果。

1620 年，法国出现了撞击式燧发枪，使单手持枪与瞄准结合成为可能。另一个就是 1647 年刺刀的发明。尽管刺刀并不是法国人发明的，但却被法国人所改进，装在燧发枪上更增加了其实用性。近战格斗燧发枪自此使法国军队成为一支最为强大的军队。

1597 年，亨利四世将法国的新教徒胡格诺派也编入军队，与原有的天主教徒一起编为步兵与骑兵。最开始，这些胡格诺派的步兵与骑兵都与经过训练的天主教徒军队战斗力相差得非常远，因此亨利四世便要求他们直接使用燧发枪。因为燧发枪使用简便，所以这些新教徒的军队战斗力也成倍上升，而他们组成的兵团也被称为新兵团。到 1600 年时，法国军队步兵火枪手与长枪兵比约为 1∶2。

与之相对应，法国重骑兵则全部成为转轮枪手。在法国人看来，骑兵仍旧是军队的中心和主题，所以绝对没有丢掉的必要性，因此便吸收了其他国家如西班牙的火枪骑兵战术，配以转轮枪以速度打击和威慑敌人。不过，法国最早的火枪骑兵却是龙骑兵。他们的得名来自他们在快速奔跑时，使用的火枪射出的火焰就像一条火龙。大约在 16 世纪中叶，意大利战争时期，为了抵御强大的西班牙火枪骑兵而设立。后来该骑兵成为法国最重要的骑兵,并逐渐演化为著名卡宾枪骑兵、掷弹骑兵与褐衣火枪手即黑色火枪手连队。在军事改革时期前后,法国军队至少3/4军队配有火枪。

在18世纪前半叶,法国因为在对外战争中接连失败,国际地位一落千丈。特别是在法王路易十六统治时期,战争与王室的财政支出使法国负债累累,国库空虚。因此,几乎所有人都在反对王室的专制统治。当1787年粮食歉收,物价上涨之时,一场革命终于上演。这就是1789年法国大革命。1789年的法国大革命在整个法国乃至整个欧洲都产生了极大的影响。因为它动摇了欧洲各国的君主统治根基,并在之后的年代里,产生了一位令世界瞩目的名人——拿破仑。

欧洲各国对于法国的变化怒不可遏,组织了一次又一次的反法同盟,但一次又一次地被法国军队战败,终于共和政体在法国得以确立。在这期间,拿破仑开始崭露头角,并指挥法国军队屡屡战胜外国侵略军。1799年,拿破仑成为法国执政,开始统治法国。因此,一般人们称1792—1814年为拿破仑时代。

拿破仑战争唱响了冷兵器时代的最后挽歌,将人类战争送入完全的热兵器时代。

武器与装备

英法百年战争结束后,法国国力和军事力量越来越强,因此法国也开始了大陆制霸的征程。但此时的法国的国土除海洋外几乎全部都在哈布斯堡王朝的围绕之内,这令法王们几乎每天都如坐针毡。为了加强法国的军事力量,法国开始了火枪兵的建设。

法国的火枪兵武器与军队组成方式继承自西班牙。也是使用西班牙式的改良版火枪与西班牙大方阵。不过,对于法国来说,骑兵还是非常重要的,所以无论任何战事,他们都会带上骑兵。当时的骑兵所拥有的武器是一支火枪,两只手抢以及一把长柄军刀。火枪是远距离射击用,手抢用于防身,军刀则绝大多数时间用于装饰,只有在冲锋进入敌军阵营且确实没有子弹后才会使用。

到 17 世纪，法国军队中一个营一般为 650 人，其中包括长矛兵 120 人，滑膛枪兵 480 人与掷弹兵 50 人，他们会排列为纵深 5 排的队伍。在当时其他国家，一般都用长矛兵们来保护火枪兵们，即将长矛兵放在中央，四周为火枪兵，外围角落由掷弹兵占据。这一阵形可以参考西班牙大方阵。不过依照该办法通常会因为当战斗打响时，火枪兵们射击后并不能很好地退到长矛兵附近，往往反而成为对方射击的靶子。经常会让本来具有优势的战斗变成中世纪时期的冷兵器肉搏战。

法国人解决了这个问题，他们延长了战线的长度，第一、二列为火枪兵，第三列为长矛兵，第四、五列为火枪兵。在长矛兵的保护下，火枪兵可以逐行进行射击。具体方法是第一排向前 3 步射击，射击完退到最后一排装填火药。同时第二排向前到第一排射击的位置射击，射完后退到原第一排后面。如此每排分别射击。加强保护的同时也提高了效率。

但到了 17 世纪下半叶，准确说是最后 30 年，刺刀和燧发枪成为欧洲各国军队的标配。相比于每次装填需要 44 个动作的火绳枪或滑膛枪，燧发枪将其缩短到只有 26 个动作，大大加快了射击速度。刺刀原本是一种辅助装置，但因为荷兰和瑞典改革的影响，却彻底将长矛兵驱逐出了历史舞台。荷兰的改革对于燧发枪手来说，完全可以抛弃长矛兵的保护，因为荷兰军队的线性战术一般只有三排而已。其中第一排半蹲射击，第二排直立平行射击，第三排直立向上射击，而且每支枪上都配备有一根 30 厘米长的刺刀。不过因为刺刀是直接装在枪上，如果装上就等于再也无法开枪而成了长矛兵。在这一阶段往往会令火枪兵处于无保护地位，从而受到对方的袭击。不过这一问题在 17 世纪的最后 3 年中得到了解决，一种插座式刺刀出现。他能让火枪手在射击的同时也能成为长矛兵保护自己，一举两得。到 18 世纪二三十年代，大部分西欧国家都接受了这一改变。

但法国人并未接受这些转变，他们仍旧使用五排战术。第一排前跨，射击，然后卧倒。第二排前跨，射击，然后卧倒。直到第五排也完成后他们会一起站立起来继续装弹往复。如此战术的发明，使法国甚至是整个西欧在 17 世纪到 18 世纪开始进入大规模战争时代,如多次的王位继承战争以及争夺领土战争,世界性大战已经不可避免。

大概在意大利战争后,法国人还发明了肩带。据说,最早的时候,长官的马都有一个牵马人,这些牵马人为了牵马方便,便将缰绳搭在肩上,久而久之便成了肩带。肩带的作用主要是在各国使用统一规格的军服后,往往会出现因为某国军服颜色一致无法分清某人所在的军团,甚至是两国的军服颜色完全一样,连仗都没法打。而肩带的出现恰好解决了这个问题。只要相应的军团使用不同颜色的肩带,就可以解决这个尴尬。之后,各国也普遍采用了这一装饰方式。可是到了现代,肩带已经不再拥有如此价值,只是作为一种典礼装饰而已了。

在拿破仑时期,肩带已经完全蜕化为装饰之用,取而代之的是每个士兵帽子上的彩色绒球,因为当时的军队过于庞大,根本没时间替这些军队制造更多的军服,所以便简单化到了帽子上,因为光看这些绒球就可以立即看出他们所在的军团了。

拿破仑战争时期也出现了诸多的新兵种。其中最主要的也是最精良的莫过于老近卫队、马上掷弹兵与枪骑兵。

老近卫队全名应该为轻步兵团。该团的所有成员全部身高 1.7 米以上、服役都在 10 年以上,且都是拿破仑亲自指定的,可以说是拿破仑军队中精锐中的精锐。他们军服一般为蓝色,且带有肩章。帽子是熊皮的,除了大量的穗外还有一个羽饰,另外该帽没有帽檐。他们足蹬长筒皮靴,比普通士兵的短皮鞋要精良得多。他们使用的枪是没有来复线的燧发滑膛枪,还配有刺刀。

马上掷弹兵和老近卫队一样,也是拿破仑的精锐部队。他们穿戴与老近卫队基本相同,唯一不同的就是他们都骑着黑色的战马。他们装备的武器包括短筒马枪、手枪与马刀。他们可以在骑马冲锋的同时向敌方投掷手榴弹。

枪骑兵本身来自龙骑兵,是拿破仑为了对付俄军的哥萨克骑兵专门设置的一个兵种。该骑兵保持原有龙骑兵的特点,穿着绿色外套,携带一支长枪与一支长矛,同时还有佩剑。他们的主要目的是为骑兵提供侦察,并协同胸甲骑兵冲锋。

军队的构成

英法百年战争对于法国绝对是一个契机,因为在这之后,法国国王突然有了一个效忠于自己的常备军团。原本封建制的法国,国王的土地甚至于都不如一些大诸侯,国王的许多政令竟然就如同儿戏一样。但战后的法国国王却拥有了一支强大的军队,可以随时将不肯效忠于自己的诸侯置于死地。

这支强大的军队的来源有两个,一个是在法国各地征召的士兵,而其实更多的则是外籍雇佣兵。在波旁王朝时期,人民被分为三个等级,第一等级是贵族,第二等级是教士,第三等级是平民。其中只有第三等级有服兵役的义务,其他两个等级则不用。特别是第一等级贵族们,他们其实也有很多在军队中服过兵役,但大多数只要进入军队就可以获得一个比较高的头衔,然后根据未来的战功还可以继续升迁。特别是当这些人退休后,还会按时得到津贴,并有人为他们写回忆录。可惜普通平民就没戏了,他们不仅要劳作,还要服固定的兵役,这就是法国常备军的由来。

其实,法国的一些贵族和曾经是贵族的人们因为在皇室兼并统一法国后丢失了自己的领地,寄希望于能在战争中获得战功,然后得到国王的赏识,以得到新的爵位与封地。几乎在拿破仑战争之前,法国很多大家族都会经常派出未来的继承人去参加军队,以期得到法国国王更多的赏赐。而法国国王确实也对他们赏识有加,他们的军队里应负担的费用几乎全部由国库承担。

不过,对于频繁的对外战争,这点兵源就如同杯水车薪。特别是到路易十四掌权时期,法国经常被英国联合欧洲各国一起攻打,令其自顾不暇。所以法国的外籍兵员越来越多。比如著名的瑞士长枪兵与戟兵、德意志诸邦的士兵以及意大利雇佣兵等。其中数量最多的是德意志诸邦的雇佣兵。这些雇佣兵包括步兵、火枪兵、炮兵甚至是法国最为骄傲的骑兵。德意志雇佣兵几乎活跃于法国的所有战场。特别是在七年战争里，德意志雇佣兵在欧洲、美洲以及印度凡是有英法两国战争的地方几乎都活跃着。与之对立的，英国和西班牙也有大量德意志雇佣兵。有时会造成在战场上两方都是仅有几名将官是本国的，而下面所有的兵可能都是来自同一个德意志邦国。

龙骑兵是法国发明的一种特殊兵种，也可以叫下马步兵，简单来说他们就是骑马的火枪步兵，是在 16 世纪中叶的意大利战争时期出现的，主要是为了对付随时会出现的西班牙人，一些火枪手在行进中使用马匹代步，而到了战斗之时就下马重新变为火枪手。

到法国大革命时期，军队的建制有了新的改变和飞跃。军的概念被引入军队之中。这是因为在法国大革命前，其实法国军队已经至少有 30 万人，可是大部分时间却是以团为基本单位，不利于大规模战斗。而到了大革命期间和拿破仑战争时期，法国可以说是同整个欧洲作战，所以大型战役大量增加，自然更大规模的军事单位与军事战术便会应运而生。1791 年—1793 年，法国共征召了 50 万军队，该军队中有 1/3 强曾经服过役，基本不用练兵即能直接上战场。

在革命政府时期，最大的军事单位是师，师下面的旅一般由两部分组成。即白色军团与蓝色军团。其中白色军团指的是曾经在国王的军队中服过役的，他们要穿着白色的制服。蓝色军团则是指新征召入伍的兵，他们穿着蓝色的制服。为了保证军团的质量，所以他们一般被混编起来。而到了拿破仑时期，所有的士兵都混编了，而且最大的军事单位变成了军。据 1806 年的统计发现，一个军一般是 15 000 人至 40 000 人不等。每个军约有 2～4 个师，每个师有 2 个以上的旅，每个旅下面是 2 个团。其中，炮兵、骑兵等都是单独的旅。此外每个军中还配有各种辅助型部队，可以令军队专业化，士兵们也能不再顾及其他事务，只需专司战争中赢得胜利即可。

战 例 与 战 术

在法国战争史上，有一个特殊点就是他们一直把骑兵作为主要军事单位,他们创造了著名的持枪骑兵、龙骑兵等各类火器时代具有代表性的骑兵单位,在实战中,法军一般喜欢先令骑兵冲锋,利用强大的压力压迫敌人的士气,之后才是火枪兵的冲锋以及炮兵的射击。而且最重要的是法军虽然接受了著名的线性战术,但他们的使用却长期以来与众不同。即其他国家军队使用的都是3排,而法军却使用5排,这一现象直到拿破仑时期才完全变化。

陆地战

尽管从百年战争后,法国一直拥有庞大的军队,但在诸次对外战争中却很少能得到胜利,特别是每逢最重要的战争,往往都是以失败告终。

不过到了拿破仑时代,法国终于迎来了转机。拿破仑利用自己的军事天才独创了大量奇特却非常有用的战术,其中一个就是阵形与非阵形的交替应用,不过最后的目的都是获取最大的胜利。这一战术被法国将军们来回使用,取得了一次又一次的胜利。

在拿破仑看来,强盛的普鲁士只是他的一个可有可无的小伙伴,所以在战争初期虽然与之结盟,但却并不把他们当作真实的盟友。1806年,当英国愿意和平时,他更愿意出卖普鲁士的利益,将普鲁士在北部德意志的土地全部出让给英国,其他地方则按照拿破仑的设想变成莱茵同盟。普鲁士国王腓特烈·威廉希望不要再做拿破仑的马前卒,便改变方向,向俄国示好,同俄国缔结了合作盟约。

腓特烈·威廉知道,这样做会导致拿破仑会来兴师问罪。所以从1806年8月起发出了动员令,大肆征兵,并准备齐了预备队。可是拿破仑根本没兴趣理普鲁士的小动作。这是因为法国正在其他战场战斗,而且俄国也在打俄土战争,根本不可能立刻派出兵员协助普鲁士。

见拿破仑没有反应,腓特烈·威廉便率领军队准备进攻萨克森,以阻止其成为莱茵同盟的一员。同时,腓特烈·威廉还于9月26日致信给拿破仑,自称要进攻萨克森,以夺回在七年战争中获得的所有领土。而且如果拿破仑不同意的话,他们就会带着俄国援军一起进攻法国。拿破仑得到消息后并不着急,因为他知道俄国的参战还需要一定时间,所以便在10月初来到普鲁士前线,准备与普鲁士打一场大仗。

10月6日,拿破仑率领军队从巴伐利亚的班贝格出发,大军直指萨克森。普鲁士军队指挥官布伦瑞克公爵企图在拿破仑的军队立足未稳之际给予其一场突袭,所以指派一小股军队进攻,可是却以失败告终。拿破仑的军队得胜后,立即转向莱比锡,之后便是向柏林推进。此时,普鲁士的主要军队集结在图林根森林附近的埃尔蒙特附近,寄希望在这里拦截住法国军队,停止其向柏林的推进。

10月13日,两军在耶拿遭遇,奥斯塔特战役爆发。其实,拿破仑在耶拿遭遇的普鲁士军队其实只是先锋骚扰部队,更多的大批普鲁士军队正在后面行进的途中。当然,拿破仑立刻就看出了这些人的想法,便派拉纳和奥热罗指挥的左翼集结成中空方阵,径直向普鲁士军队扑去。普鲁士军队意欲合围这支拿破仑的小股军队,但没想到法军方阵竟然旋转90度,横向打败了普鲁士军队。

在打败这支部队后,拿破仑命令将军达武与贝纳多特一起行军进攻普鲁士主力。其中达武的军队的目标是瑙姆堡,贝纳多特的军队的目标是多恩堡。10月14日凌晨1点半,两军相遇,达武要求与贝纳多特同行,但贝纳多特嫌绕远便拒绝了他的提议,自己单独前往多恩堡。结果造成达武的2.6万人将独自与6.3万人的普鲁士主力相遇。

这天清晨有雾,达武的军队慎重而缓慢地向前行进。他们先头由80名轻骑兵充当斥候,另外还有300余名骑兵去沿途各处搜罗战马。7点多,晨雾散去,法军到达奥斯塔特附近。这时,普鲁士布伦瑞克公爵的普鲁士主力突然出现在达武军队中先期到达的第三军,即居丹所率领的军队面前。见势不好的居丹立即命令部队中的一个旅组成方阵。利用方阵的火力拒敌。同时,普鲁士的两个骑兵中队恰好已经到达方阵跟前。没想到的是,这支中队只顾了向前推进,没发现法军的火枪方阵,还未冲锋到法军面前,就被悉数消灭。

对于突袭的失利,普鲁士军又发动了一场火炮战。普鲁士王后团的炮兵纷纷向还未立定的法军阵地倾泻炮火,以期将法军的阵势损毁。

可没想到的是,居丹的这个军竟然还包括一个驴车携带的炮兵旅,就在普鲁士军队首次冲锋之时,该旅恰好刚刚进入战场,而随后的战斗中他们又正好发挥了强力的作用。在数十分钟的双方火炮倾泻中,普鲁士军的火炮明显趋于劣势,终被打退。

随后,普鲁士军队暂时停止了冲锋。达武也有时间将刚刚又到达的一些军队收集起来排兵布阵。他选择了最近的哈森豪森村驻扎下来,等待后续部队全部到达战场。在随后的一个小时里,双方军队尽管又有几次小规模交火。但因为双方军队都还未全部开赴战场,所以也基本没有什么损失。

上午 8 点半,普鲁士军队集结完毕。普鲁士军布吕歇尔将军命令一支重骑兵向哈森豪森村北方进攻,尽管普鲁士的骑兵勇猛异常。但碰到了法国军队的火枪兵方阵,根本毫无作用。每次几乎都在冲锋之时就已经死伤严重。结果,在冲锋中身先士卒的布吕歇尔的战马也中了弹,尽管如此但他还是毫发无伤地回到了阵营之中。

接着,普鲁士军队瓦尔滕施莱本发动了步兵即火枪兵的冲锋。在老德绍死后,普鲁士常用的节拍行军法并不能完全发挥效用,所以普鲁士军队往往依靠自身超强的战斗力发起冲锋,在冲锋时向对方射击。这样一方面因为距离的减小加大了射击的准确性,另一方面因为普鲁士人战斗力更强所以也更容易压迫对方使对方喘不过气来。不过,在这场战争中这样做还有一个原因,那就是两军都未全部进入战场,但普鲁士军队占据绝对优势,所以更早地压制住对方便能越早地取得战斗的胜利。但居丹的军队也不是吃素的,他们继续排成方阵,频繁地向冲锋过来的普鲁士军队射击,最终抵御住了普鲁士人的进攻。

之后,两军又进行了调整,到上午 10 点左右,两军主力部队全部抵达,普鲁士军开始发动起更大规模的冲锋。普鲁士军这次主要冲击的是法军部署在村庄之外的第 85 战列兵团。果然,在普鲁士军的冲锋下,该团溃败,只好纷纷逃离战场。见到这种情形,在哈森豪森村里的法军立即补上,希望不让低落的士气把法军带入失败的境地。不过幸运的是,在 85 战列兵团撤退的时候,法军弗里昂将军的第二师与杰弗里将军的重炮骑兵正好赶来。他们迅速加入正在战斗中的居丹军,炮兵压阵,骑兵向前射击。

可是普鲁士军队并不知道这一情况,他们认为法军已经开始溃败,便由布伦瑞克公爵与冯·施密特率领,一起大举向法军盘踞的哈森豪森村攻来。他们没想到法军的骑兵已经到达法军右翼,在普鲁士军队冲锋之时,恰好合拢过来。尽管普鲁士军队战斗力超强,但终究腹背受敌,无法顾到两头。在这次冲锋中,法军仍然将火枪兵排成常用的方阵形,连续五排分别射击,令普鲁士军队跟不上装弹的速度,只能被子弹击中。而且两位将军也不善配合,所以造成在战斗中,布伦瑞克公爵与冯·施密特都受了伤,只能悻悻离开战场。

为扭转普鲁士军队的颓势,腓特烈·威廉决定自己来亲自指挥军队。11点,腓特烈·威廉重新组织了军队。他命令奥兰治亲王将所属的部队布置在两个侧翼,而不是法军最薄弱的右翼。就是这点上的错误,令腓特烈·威廉失去了最后战胜法军的机会,就在他要求奥兰治亲王将部队分割之时,法军的最后一支军队即莫兰将军的师团正好赶来将法军的右翼补齐,法军已不再有空虚的地方可以攻击。

随后,普鲁士军队发动了最后一个冲锋。墨兰将军的军队在此时充分显示出其灵活性,整个师分为三条战线迎击普鲁士。第一条战线是两个轻步兵营,每人携带火枪排成纵队,他们后面由炮兵与散兵殿后。第二条战线是4个战列步兵营,他们由轻骑兵保护。第三条战线与第二条战线基本相同,但却少一个营。

在普鲁士军队进攻初期,第一条战线并未挡住他们的进攻,甚至于差点崩溃。不过后面战线的军队及时插上,纵队与横队联合防御,使普鲁士人的进攻功亏一篑。就在此时,普鲁士的大军突然向村子中央的居丹领导的军队的主力冲击,眼看就要将其冲散并消灭。墨兰将军见势,立即将已经获胜的纵队加入到居丹军的横队之中。接着他们联合组成方阵,由轻骑兵护卫,火枪手开始向普鲁士军齐射。在法军强大的火力下,普鲁士军队一次次的进攻化为泡影。

随后,法军转守为攻,大军纷纷向已经溃不成军的普鲁士军队冲过去。法军还是习惯性地骑兵为先锋,后面火枪兵跟上。普鲁士开始从骑兵后撤,接着步兵也混乱不堪。尽管普鲁士军队精锐的奥兰治师团来到阵前增援,但终究无法将溃败的士兵聚拢来。中午,撤退演变成了溃败,普鲁士军队四散溃逃。腓特烈·威廉还想在最后时刻将军队聚拢回来,所以要求炮兵从阵后来到阵前,连续向法军攻击。不过法军在接连的胜利下继续进行了 4 个小时的冲锋,令普鲁士军队战斗力全无。最后法军用了极大的代价,获得了这场不可能胜利的战争的胜利。

这场战争中法军伤亡 7 000 余人,普鲁士军则伤亡 10 000 余人,被俘 3 000 人。在这场战争中,虽然没有拿破仑参加,但却突出地展示了拿破仑的军事思想。他改过去火枪兵的线性战术为纵队,特别是每个将军都可以根据实际情况变换阵形,不一定非要用流行的既定队形。战争的主要目的就是胜利,不是非要有一个固定的阵形。特别的,在这场战争中,墨兰将军的军团使用的是典型的拿破仑式战斗部署。即在布阵时将军队划分为三条战线,第一条战线是火枪兵部队的阵形列阵。约在这条战线后面 100 米左右是第二条战线,他们也是以火枪兵为主力,并同时充当第一条战线的预备队。第三条战线是骑兵与炮兵的组合,一方面可以作为前面战线的掩护,另一方面也可以作为侧翼的警戒。不过墨兰将军使用的是扩大版的阵形,多加了一条战线,且骑兵部署在两翼。

水战

16 世纪末,英国与西班牙的海上争霸使法国突然感到一种威胁。尽管当时的法国还是奉行大陆制霸政策,但荷兰的崛起却令法国人明白,其实海上要比陆地上能到达得更远,且能获得更多的利益。对于英国这个岛国来说,有了海洋才意味着能够生活。但对于法国来说,这个问题并不重要。所以一直延迟到 17 世纪中叶的路易十四时代才开始重视起海洋,而那时的荷兰早已成为"世界马车夫",英国也已经建造了大量的战舰,在世界各地进行贸易。

看到这两个国家从世界各地源源不断地将金银与特产送回本国,法国人终于也想分一杯羹了。1626 年,法国枢机主教黎塞留成为法国海军部长与总司令。他在十余年的时间里为法国缔造了一支由近百艘战舰组成的强大海军。虽然后面法国海军几经沉浮,但是到 1661 年路易十四即位时法国海军再次崛起。路易十四任命柯尔伯为海军司令,将法国海军扩充为世界上最强大的海军。这支军队包括 112 艘战列舰、25 艘快帆船、7 艘火船、16 艘轻巡洋舰、20 艘平底船和 40 艘划桨战舰等,远超过以海洋为焦点的英国的战舰艘数与吨级。

随后的 1676 年,法国海军打败当时的海上霸主荷兰,成为世界上最为强大的海上力量。不过英国一直秉承着用欧洲大国牵制法国的外交政策,组织了英国与荷兰的联军,暂时又将法国的势头打了下去。在接下来的一个世纪里,两国经常交战,英国一直保持着赢多输少,这令法国十分不爽。

在七年战争中,法国多次与英国进行海战,其中有两次很著名的法国希望登陆苏格兰的战役。其中特别是基伯龙湾海战,让本来占据上风的法国舰队多次出丑,结果让法国在七年战争中输掉了整个北美。

美国独立战争时期,法国作为英国的宿敌,不惜一切代价帮助美国人去打英国人。他们梦想在美国的独立中打败英国,为七年战争中输掉的一切报仇。1778 年,阿申特岛海战中,法国大胜英国。而这只是一个开始,1781 年,在北美的弗吉尼亚角法国人再一次发动了战争。

在西班牙和葡萄牙占领美洲土地后,其他国家紧随而来。包括荷兰、英国、法国、丹麦等国也纷纷到达美洲特别是北美洲占领自己想要的土地。随着 16 世纪末西班牙无敌舰队的覆灭,北美逐渐成为英国和法国的领地,特别是 18 世纪后西班牙在北美仅占有墨西哥,其他北美土地几乎全部落入英法两国手中。不过,在七年战争时期,法国却在各个大洲的战争中几乎都失败了,对于英国人的仇恨达到了顶点。

几年后的 1776 年,美国宣布脱离英国独立。这件事就如同给了法国一剂强心剂,看到英国将大量军队派到新大陆,法国立即也开始全面支持美国独立,并派出了军队支援。恰好此时的华盛顿将军正在一次次的失败中挣扎,特别是福吉峡谷的寒冬和低落的士气让他根本丧失了能抵御强大的英国红衣军的意志。法王路易十六派遣的特使就如同雪中送炭,美国人又有了战斗的信心。美国二号人物富兰克林见状也到了法国,积极斡旋与法联盟的条约签订。1778 年 2 月《美法同盟条约》与《美法通商条约》签订,同时法国向英国宣战。就在这两份条约签订 4 个月后,英法两国终于在七年战争后和平了 15 年后重启战争。

随后,西班牙与法国结成同盟,荷兰、丹麦、瑞典和俄国表示武装中立。英国一下子被孤立起来。1781 年,法国海军渡过大西洋,加入华盛顿的大陆军。3 月 22 日,法国海军突破英军封锁,进入大西洋。4 月 28 日,英法军舰相遇,英军大败。5 月,英军从各大洲调来大量军舰,但未对法国产生影响。

7 月,华盛顿准备发动约克镇战役,所以要求法国军队协助增援。当时驻扎在海地的法国海军少将孔特·德·格拉斯伯爵立即率领 27 艘战舰护航近 200 艘商船从马提尼克岛出发,北上增援美国军队。对此,英国的罗德尼将军认为法军是准备横渡大西洋去本土,并没有想到他们是去协助美国人。所以,罗德尼带着自己的 100 余艘战舰回到英国,仅剩下 14 艘军舰在北美。这时格拉斯伯爵再次收到美国人的信件,知道英国已经完全布防在约克镇附近,因此选择从达切萨皮克湾登陆。他于 8 月 5 日经过巴哈马海峡,之后于当月 30 日到达切萨皮克湾。与预料的一样,英国人在这里根本没有多少守卫,法军很顺利地即将法国部队和美国部队轻松地运到了这里。

在这时发生了一件很神奇的事,英国人在格拉斯到达巴哈马海峡时已经发现了格拉斯伯爵,所以当地英军立刻将其动向向驻守在安提瓜的塞缪尔·胡德勋爵报告。塞缪尔率领剩余的 14 艘战舰以最快速度到达切萨皮克湾,可是却没发现法国人的踪影,这是因为他们比法国人早了 5 天来到这里,当然看不到法国人的踪影了。胡德便认为法国人根本不会到达这里,也就放松了警惕,直接率领军队北上到了约克镇。此时约克镇的英军正在制订对法军罗德岛的进攻计划,当听到胡德的汇报时,英国纽约舰队司令托马斯·格雷夫斯感到机会来了,法军现在应该只剩下罗德岛的 5 艘战舰,只要消灭就能取得胜利了。因此他马上率领 19 艘战舰向南而去。

9 月 5 日晨,格雷夫斯的战舰到达切萨皮克湾,第一幅映入眼帘的画面竟然是大量法国军舰停泊在岸边,他们正在运输美国军队前来。

因此他命令立即组成战斗阵形,准备向法军发起攻击。与此同时,法军也发现了英军的舰队,格拉斯马上命令准备迎战。

其实就在几个小时前,格拉斯还认为罗德岛的德·巴拉斯将会在当天到达,带来更多的军队协助美军作战。他不慌不忙地继续运输士兵,还派遣了4艘战舰去封锁约克河与詹姆斯河。当英军出现时,实际上法军只有25艘战舰可以战斗,而这些战舰上大部分人正在登陆艇上,所以人员严重不足。他首先想到可以退守切萨皮克湾,但转念一想还不如直接正面应对英军的进攻。这不是因为他有多英勇,而是因为当时正刮着东北风,法军如果退守就只能被英军当靶子打。当然,格拉斯知道此时硬碰硬是没好果子吃的,便下令在中午潮流转向时再起航,以获得战略主动。

中午12点半,英国人的军舰已经驶到离切萨皮克湾的亨利角仅有12~15海里的地方。格拉斯命令起锚,依照各艘战舰的速度快慢组成战斗队形,在组成时不必考虑所在位置,只要能列阵就行。其实主要原因还是水手不够用,仅仅是权宜之计。由于海湾狭窄,以及各艘战舰快慢不同,驶出海湾时法军舰队不免有些混乱。最前面驶出的4艘战舰比较整齐,后面紧随的两艘却距离较远,且方向不正,再后面的10艘战舰则都在努力转向,以期以最快速度驶出海湾摆好阵形。一小时后,法军摆好了阵形,他们在西南方向横向冲着正在向他们全速行驶的英国军舰。与之相对,英国人从东北方向严格按照阵形行驶而来,接着又转向正西,缓慢地接近法国舰队。

下午2点,英国军舰在两军旗舰距离大致3海里的地方慢下来,准备进入浅滩暗礁区迎战法国军队。英军发现暗礁的位置与法军相反,便将前军改后队,整个阵形完全颠倒着与法军平行着从下风口向法军驶来。这时,英军的前锋由本为后卫的、喜欢刻板的古典战术的胡德来指挥。

这时,格拉福斯发来信号,要求胡德进攻。可是胡德长期驻守在安提瓜,根本不知道在北方驻守的海军使用的信号,等于根本就不知所以然,在格拉福斯多次催促下也没发动进攻。格拉福斯只好要求旗舰施鲁斯伯里号先行开炮,而这时胡德的几艘军舰仍旧跟随着毫无动静。

这样造成英军的前锋已经开始近战,而后卫舰队根本除了跟随外没做任何事情。不过,法国舰队的军舰也并不比英国舰队好到哪里去。因为人手过少,法国舰队虽然大量炮火还击,但各个军舰却几乎是胡乱瞎打,并没有一个统一的方向与战术。不过,两方的战舰每艘携带的大炮数量都超过 80 门,旗舰更是超过 100 门大炮,所以该场海战也是相当猛烈而险恶的。

下午 4 点半,格拉福斯要求胡德在战斗中按胡德自己的想法打就成,这时英军才开始有了一些动向。可是就当胡德的军舰向前准备近处攻击法国舰队时,没想到法国舰队立即退回了海湾内,始终不让英国军舰接触到。结果直到夜幕降临,英国也没占到任何便宜,反倒被阵形越来越严密,士气越来越强的法军打得千疮百孔,有 1 艘战舰沉没,5 艘战舰损失惨重,法军舰队则没有损失。眼见失败的英军司令格拉福斯只得要求舰队后撤,等待明天清晨继续再战。

在这天的战斗中,英军死伤 300 余人,损失军舰 1 条,法军死伤 200 余人,无军舰损失。总体来说,法国获得了战斗的胜利。

当晚,英军对信号的发布进行了统一,准备第二天再战。可是天好像故意要让英军失败,接连两天都没有一丝风。直到第三天风来了,英军舰队再次到达上次与法军战斗的位置,可是迎接他们的却是在海湾里不出来的法军。法军利用炮火的优势,大量倾泻炮弹到英军战舰,当英军战舰还击时,法军就左躲右闪,令英军根本没机会打败法军。本来在第一天就打败英军舰队的法军舰队为何会突然窝在海湾内不出了,原来格拉斯已经接到消息,巴拉斯的援军马上将要到达,只要等待几天英军就完蛋了。

果然不出所料,9 月 10 日,巴拉斯的军队到达,他们有近 10 艘战舰,并带了大量的补给品。之后,法军开始了大举反攻。13 日,见大势已去的英军司令格拉福斯率领几艘战舰和残兵败将回航,彻底放弃了切萨皮克湾。

接下来的一个月中,法军可以肆无忌惮地帮助美军运兵,最终有 2 万名士兵被运到约克镇,使华盛顿的大陆军远远超过英军。10 月 17 日,萨拉托加大捷,英军被迫承认美国的独立。

这场战争其实应该属于约克镇战役的有机组成部分之一，英军所犯的错误就是囿于战术教条，不懂得根据地势进行战斗。法军恰好针对这点，不按照战术去做。比如法军根据潮汐的情况化被动为主动、利用海湾浅滩远距离炮击英军不让英军发挥近战优势等。虽然不能称之为严格有效的实战战术，但却令英军大败，而战争的胜利又像多米诺骨牌一样，影响到约克镇战役，最终使英军输掉了对美国的战争，由此可见该场海战的重要性。

第九章　普鲁士王国火器兵

有人说,谁占据了欧洲的十字路口,谁就有占领整个欧洲的能力。与其说谁占据,不如说是谁一直在这里生活,而这些人就是德国人。的确,从普鲁士开始,德国作为一个后进者一直力争与其他老牌国家争雄。尽管德国最后永远都是被各国联军打败,但却没有任何一个国家敢与德国单打独斗。直到德国发动了一战和二战,人们才发觉这个十字路口的国家实力真的不容小觑。

就像哈布斯堡王朝一直把持着中世纪后期神圣罗马帝国的命脉一样,以普鲁士为代表的勃兰登堡公国是近现代德意志历史的真正创造者。其实,真正的普鲁士国家建立于1525年,强盛于1701年,在欧洲历史上属于一个起步非常晚的国家。不过讲起其历史情况,则是与条顿骑士团一脉相承的。

普鲁士地区的原住民为普鲁士人。在十字军东征时期的1170年,神圣罗马帝国的波美拉尼亚的索比斯劳公爵向东扩张到了今波兰以北的普鲁士地区,并建立了第一个殖民地。此后的200年,神圣罗马帝国与普鲁士人一直在此拉锯。14世纪,条顿骑士团征服该地区,为了站稳脚跟,同意成为教皇的领地。但在随后的100年间,波兰立陶宛大公国强盛起来,1466年条顿骑士团战败,西普鲁士成为波兰王国领地,东普鲁士则表示效忠于波兰。1512年,条顿骑士团团长抛弃了教皇,表示改信新教,后于1525年建立了普鲁士公国。此后,勃兰登堡一直占据着普鲁士的领袖地位,从一个神圣罗马帝国小邦一跃成为大选帝侯。从此,历代普鲁士国王都遵循着条顿骑士团严格的军事传统,与波兰、瑞典和俄国进行着长期的战争。一支战斗力极强的军队从此诞生,而这也是为什么后来普鲁士会成为德国统一的真正促成者的原因之一。

勃兰登堡原本是神圣罗马帝国东北部的一个小邦,因为土地沙质严重,所以国家除了黑麦和燕麦外不适合种植任何植物,而且境内沼泽众多。凭借这些条件想在神圣罗马帝国中成为首屈一指的诸侯国,几乎是不可能的。不过此时的普鲁士条顿骑士团却为他们提供了一个契机,因此便购买了普鲁士公国的土地。1569年,霍亨索伦家族与普鲁士签订了合约,确定东普鲁士与勃兰登堡合并。虽然直到1618年普鲁士才真正全部成为勃兰登堡的领地,但勃兰登堡正因得到了普鲁士,使其增加了一倍的土地,而且增加的全部是物产丰富的肥沃土地。

1618年,勃兰登堡选帝侯成为普鲁士公国的正统领导者。此时,阿尔伯特的后代绝嗣,普鲁士公爵阿希姆一世于归顺了霍亨索伦家族。此时的普鲁士命运正式和哈布斯堡王朝统治的德意志绑在一起。虽然他仍旧附庸于波兰,但已经开始谋求独立出来。正当此时,瑞典的突然崛起,为他们提供了一个契机。勃兰登堡选帝侯虽然表面上拒绝瑞典在波兰北部的登陆,但却不禁止其招兵买马,等于是怂恿瑞典对波兰发动战争。波兰在随后的波兰俄国战争和波兰瑞典战争中都完败,使得普鲁士公国摆脱波兰的控制,有机会在强邻环绕的欧洲大地上开始自己的强国之路。在三十年战争中,神圣罗马帝国满目疮痍。柏林只剩下300名市民,而整个勃兰登堡—普鲁士也仅有不到100万人而已。也就在这前后,瑞典火炮和新式作战体制令神圣罗马帝国大开眼界,所以诸邦都开始寻求自己的前行道路。1637年,一支"袖珍"常备军被建立起来,普鲁士迈出了自己争霸世界的第一步。

1701年,腓特烈一世成为普鲁士国王。他上台第一步便是扩大了普鲁士军队的数量。这一行动使奥地利感受到了威胁,尽管他一直与奥地利小心翼翼地保持着良好关系,但谁都知道,总有一天战争要在这两个国家之间发生。

1733年,普鲁士在欧洲首先实行了分区征兵制。分区征兵制即普鲁士全国划分为多个军区,他们按照政府的要求,从当地征到需要数字的兵员,然后交给国家统一管理、统一训练,以备战争之需。这种制度将4%的普鲁士人民送进了军营。此时,只有区区不到300万人的普鲁士,竟然拥有着一支8.3万人的常备军队。而这支军队中一多半人是没有土地的农民,另外一半则是来自北欧的雇佣军。在斯达巴灭亡以后,欧洲从来没有过如此大规模的军事化程度国家,普鲁士等于是开了一个先例。就是从这时开始,普鲁士定下了军事立国的国家政策。

18世纪末到19世纪初,普鲁士曾短暂在拿破仑的手下溃败,但20年后这个国家再次崛起。到19世纪中叶,普鲁士成为德国最强的邦国,没有多久,便将整个德国统一。可也正是这种尚武精神,却令德国在两次世界大战中吃了大亏。这正像中国汉朝著名丞相萧何所说:强大的武力虽然可以统一,但统一后的休养生息才是国家长治久安的基础。

武 器 与 装 备

1252年,勃兰登堡公国与其他六大神圣罗马帝国诸侯成为选帝侯,开始了争霸德意志的基础。1618年,一场家族联姻使勃兰登堡公国与当时受波兰统治的普鲁士公国合并为一个国家。正当勃兰登堡公国准备一显身手之时,却赶上了著名的三十年战争,整个德意志的土地被弄得创伤连连,几乎一半的人口都在这次战争中被消灭。不过,勃兰登堡却有一支杀手锏,那就是新得到的普鲁士公国。普鲁士公国远离三十年战争的主战场,几乎没有受到任何波及,因此在几年的时间里,勃兰登堡公国就恢复了元气。

作为神圣罗马帝国的一个邦国,勃兰登堡的威廉·腓特烈统治下的普鲁士与神圣罗马帝国的武器装备几乎是一脉相承的,但普鲁士却比神圣罗马帝国的诸邦国多一个优势,那就是严明的纪律。对于神圣罗马帝国来说,军队的战斗力在欧洲各国是最强的。同时因为大量的战争,新式武器的出现也是层出不穷。普鲁士是一个小邦国,在大的事件中易于翻身,而且接受能力也超强,所以一系列的新式武器都被普鲁士所吸收，从而形成了欧洲军事改革后战斗力最为强大的军队。

对于普鲁士王国来说，最常用的莫过于滑膛枪兵与掷弹兵。滑膛枪兵使用的武器来源于 1730 年左右老德绍的改进技术。该发明综合了欧洲各国的枪械技术，仍旧使用前装式子弹与火药，但通条较长，枪的长度也达到 1 米以上，使士兵可以将枪竖放在地方装填。其速度与火力都有一定的提高。其中，通条是这种枪支最特殊的地方。该枪使用的通条一改过去普鲁士军队的木质通条，而变成铁制。主要原因是木质虽然廉价，但通条经常会折在枪筒里影响射击速度。到 18 世纪中叶，刺刀也成为滑膛枪兵的必备武器，令原本就战斗力超群的普鲁士军队战斗力更加强大。1840 年，普鲁士人德莱赛在此基础上又创制了著名的后装式膛线枪，后普鲁士军队将其保密，成为普鲁士统一德国的秘密武器。在普法战争时期，法国人得到了该技术，创制了夏什普枪，英国等国随后也仿制了法国的技术。1866 年后欧洲战争进入后装枪时代，唯一例外的奥地利便是因为没有引进该技术而被普鲁士所打败并踢出了德国的范围之内。

与之相配套的，1738 年弹药筒被研制出来。弹药筒是专门用在前面所说的滑膛枪上的一种装置。该装置里装有火药、子弹和纸塞，能够提高装填速度和射击率。到 18 世纪中叶，每个火枪兵携带 60 个左右弹药筒已经成为惯例。

在普鲁士王国建立早期，即腓特烈大帝即位之前，普鲁士使用的是已过时的长矛兵与燧发枪兵联合布阵。使用的也是线性方阵，前面是两排火枪兵，后面是一排长矛兵。方式与神圣罗马帝国后期以及西班牙线性方阵基本相同。

不过到 1740 年以后，普鲁士王国完全废除了长矛兵，顶替长矛兵的是著名的掷弹兵。实际上掷弹兵顾名思义就是投掷炸弹的士兵，这种兵种起源于神圣罗马帝国和西班牙。他们一般个子较高、手臂较长，可以将炸弹远距离投出去，而不会误将自己的军队炸到。特别是这些人的个子非常高，一般都是由历代普鲁士国王特意挑选，如果不够高度他们还会去外国雇佣一些高个的人。同时，腓特烈大帝还为这些掷弹兵设计了高高的主教帽，使他们像巨人一样，一出现就令对方心惊胆寒。正因为这个原因，当时的一些国家甚至猜测普鲁士军队从上帝那里找到了巨人，让他们协助作战。由此可见一斑。可令人匪夷所思的是，仅仅一个世纪左右，这种高帽子竟然就被卷边帽和无檐帽所代替。而无檐帽就是今日各国警察的有檐帽前身。下面让我们再回到这些掷弹兵。他们所使用炸弹的火药实际已经经过了改良。除此之外，为了保证这些掷弹兵的安全，他们还可以佩戴长枪、短剑，甚至有的还能佩戴长柄斧。

还有一个问题就是当盔甲退出历史舞台后，那么在近距离接触之时枪和刺刀起不到什么作用的时候又该怎么办呢？普鲁士军队采用的办法就是使用西式佩刀。这种佩刀与中世纪的长柄佩刀不同，因为它不是直的，而是弯的。这种佩刀使用精钢制造，在刀把处模仿剑带有护手，长度为0.5～0.7米。该佩刀大部分时间作为炫耀使用，只有近战时才会当作武器。一般来说，普鲁士军队把该佩刀插在饰带之上。此饰带大部分指肩带。肩带的问题具体见军队构成部分。

1740年，腓特烈大帝即位后，获得了一支欧洲最训练有素、最纪律严明的军队。虽然对于该军队他已经没有什么必要再扩充或者进行改制，可他还是进行了一次影响深远的改制。而这也就是德国统一之前，普鲁士军队炮兵的标准。普鲁士军队使用的一般是短管轻炮，即炮管不超过口径的14～18倍，炮身重量一般是炮弹重量的80～150倍。因此，在这阶段的普鲁士军队中，经常能看到短管、超过炮管的长支架、大车轮等为标志的普鲁士炮。这种炮的最大特点就是轻便易装卸，只要一辆小驴车即可。

军 队 的 构 成

提到普鲁士的军队构成，就必须从"容克"地主说起。相信所有人在学世界史的时候，都听说过一个名词"容克"，几乎没有人知道也不想知道它的真实意思，只是机械地死记硬背考试用而已。但其实，容克在普鲁士历史上绝对是一个值得大书特书的阶层，因为正是有了他们，才有了近代的军事化普鲁士国家。容克翻译过来就是小地主与小商人，他们出现于12世纪十字军最强盛的时代。那时候，容克依附于条顿骑士团，他们为十字军与骑士团制造盔甲、武器，以及提供各种后备物资。之后的几百年间，他们出现了融合与分化。容克中融合了普鲁士当地没有领地的骑士及贵族子弟。容克则分化为作战容克、宫廷容克、议院容克和乡村容克等不同类型，其中最重要的就是乡村容克。容克原本是普鲁士的小农庄主，在16世纪的欧洲价格革命中扩大财力，又借三十年战争不断扩大土地，一个拥有强大经济实力、崇尚武力、思想又极端保守的社会集团——容克逐渐成形。

1640年，腓特烈·威廉成为勃兰登堡—普鲁士的统治者。这时正好处于三十年战争的末期，勃兰登堡的军队几乎损失殆尽。普鲁士作为唯一一个没有被波及到的地方，成为腓特烈·威廉眼中的宝地。为了恢复基础产业，他积极降低税率，取消单一对天主教的信仰，吸引法国、荷兰等国被驱逐者来到普鲁士。他们带来了毛呢、酿酒和诸多手工艺，使普鲁士迅速发展起来。

公国组织结构的完善和财力的恢复，使得腓特烈·威廉仿照古斯塔夫和拿骚的莫里斯组建一支新型常备军的计划得以实施。他首先应该明确自己需要哪个阶层的支持，在当时的普鲁士，有这种实力的阶层只有一个——容克。1653年，大选帝侯颁布条令，允许容克享有在其领地内向农民征发劳役、地租的权力，并享有财产、司法、治安等权力。大选帝侯和容克阶层互相扶持，形成了极具普鲁士特色的强国强军之路。不断强化的中央权力与不断扩大的战争对容克是极为有利的，他们的后代在不断扩大的官僚机构和军队中都能找到自己的位置，于是容克全力支持普鲁士的勃兴膨胀。

依靠新征收的赋税，以容克子弟为军官，由农奴和雇佣兵担当士兵，新的普鲁士军队逐渐成形。尽管这支军队模仿痕迹还较重，离民族国家常备军的要求还有诸多不足，但是大选帝侯依靠德国人遵守纪律、服从权威的特点以及严酷军法缓解了这一问题。不久这支新型部队规模就达到2.5万人，成为大选帝侯贯彻外交和战略意图的得力工具，为他在波兰人和瑞典人之间左右逢源，并巧妙削弱他们立下了汗马功劳。

与之相配套的，普鲁士的军服也是一直处于改变之中。早期普鲁士的军服很有特色，是继承的十字军时代的军装。该军装基本装备是锁子甲，无论是步兵、弓箭兵还是骑兵，甚至到了早期火枪兵，完全都是一套长至膝盖的哥特式锁子甲，外罩一件长布衫，腿上则是护膝。哥特式锁子甲在15—16世纪是欧洲最流行的锁子甲，以虾状和尖头鞋而闻名。说到长布衫，其实来自阿拉伯人的发明。在欧洲人与阿拉伯人的战争中，欧洲人发现阿拉伯人为了遮挡阳光的反光每个人都在护甲外罩着一件长布衫。欧洲人发现这种长布衫非常帅气，所以就吸收了过来，然后将自己的家族纹章绘在长衫上，一方面为了起到整齐划一、鼓舞士气的作用，另一方面也能在作战中不至于伤到自己的军队。

　　16世纪，冷锻法开始在神圣罗马帝国流行，普鲁士也积极地吸收了其锻造方式，在盔甲的各方面都推陈出新。特别是头盔的制造，因为普鲁士的铸造技术相对落后一些，所以他们制造的头盔都具有毛刺，很容易割伤头部或手。因此，一些普鲁士锻造者发明了卷边技术，即将头盔的两边或三边卷起，就像当时欧洲人流行的假发一样，在实用的基础上又加上了美观的效果。这种设计在之后的400年间一直被普鲁士甚至是整个德国使用，成为普鲁士士兵的标准装备之一。但很快一场军事变革就废除了盔甲武器，这场军事变革开始于荷兰，结束于瑞典。

　　正是当瑞典崛起后，他们的军服便成了整个欧洲的样板，作为近邻的普鲁士当然也不会放过这个机会。17世纪中叶，瑞典人开始采用棉衣作为军服。一方面因为火器时代的来临，盔甲已经不再具有保护作用；另一方面也可以让士兵们活动方便，更有效地闪避对方的火枪子弹。这一简便而便宜的改造被普鲁士人继承了下来，但同时他们又引入了另一些东西，那就是奥斯曼人的大排扣。正如前面所说，就在瑞典积极向南扩张的时候，奥斯曼帝国也在积极地向西向北扩张。作为屏障的奥地利和波兰在战争中吸收了他们的排扣技术，令军装穿脱更加方便。发动进攻准备时间更短。而波兰的邻居普鲁士也吸收了这一技术，为普鲁士的火枪兵、炮兵与掷弹兵制作了统一的军服。火枪兵和炮兵的军服是卷边帽、排扣棉衣与皮靴；掷弹兵军服是高角教士帽、排扣棉衣与皮靴。

因为盔甲的消失，作为军队标志的长布衫也被扔进了历史的污坑里。棉质衣物虽然更廉价，活动更方便，但是却很难区分各自的军队。因此从17世纪后半期的英国开始，军队统一颜色制服成为最简单易行的解决方法。英国是最早使用红色作为军队上衣颜色的，他们自称来自1645年2月的新模范军，但实际上到17世纪后半期才开始成为普遍选择。之后，法国选择了一贯的蓝色、俄国选择了深绿色、奥地利选择了灰白色，普鲁士则选择了藏蓝色，而这也就是为什么藏蓝又被称作普鲁士蓝的真正来源。

最初，藏蓝色军服只是有藏蓝色的上衣而已。1741年，腓特烈大帝将单排扣上衣便成了长款夹克。即首先将单排扣变为双排扣，然后衣服款式变长，可以用扣子将衣服前摆撩起来固定在后面，这样长款夹克就变成了裙子状。另外，该长款夹克的领子可以翻下来，使用不同的颜色便可以区别部队的番号。穿上这款制服的最大特点就是，绝对不用害怕会冻到。据说，这时因为腓特烈大帝十分怕冷，索性便将军服变成了这种不怕冷的样式。

在普鲁士军装上，经常能见到的装饰有两个，一个是肩带，另一个则是勋章。肩带前面已经说过是佩刀之用。但说起肩带的来历，其实也来源于火枪兵。在早期，火枪比较重，无法直接像20世纪那样提着就能跑，所以只好用长绳系上斜跨在身上，当时西班牙人即是如此的典型。特别是后来在西班牙军队体系被欧洲各国奉为圭臬之后，这种背带逐渐演变成了一种装饰物。在各国都引入了同一颜色制服的时候，因为国家众多，一些国家采用了完全一样的制服，在战斗中又一次无法区分。因此，法王路易十四开始使用白色的饰带区别。自己军队的番号则后来由普鲁士的腓特烈大帝发明用翻领的颜色来区别。之后，枪支逐渐变小，特别是19世纪中叶手枪的发明，可以近距离发射，从而使饰带完全失去了实用价值，最终变成了只有装饰价值的装饰物而已。普法战争时期饰带退化为只有右肩才有的肩带，这一造型被司令、将官和副官们使用，而在庆典时则是全军使用。直至今日，我们在大型庆典上还能看到一些国家元首、军队将领们使用带穗的肩带。

勋章本是骑士团的发明，在条顿骑士团时期，他们使用的是一种黑色十字标志,它的意思是十字架的军令状。到普鲁士王国时期,该黑色十字演变成直到今天都非常著名的"铁十字勋章"。最初,勋章被戴在饰带之上,到18世纪勋章佩戴在左胸成为标准,直到今日仍旧如此。

战 例 与 战 术

对于普鲁士来说,17世纪之前的两个世纪一直名不见经传,基本没有成形的战术与战例存留下来,只有当17世纪,腓特烈·威廉时期才有了战术,而作为经典战术的线性战争则在18世纪腓特烈大帝时代才由老德绍创造出来。

在17世纪至18世纪,普鲁士军队沿袭了瑞典的线性战术,火枪兵都是使用三排战术,用密集的枪支火力压制住对方的势头。对于普鲁士的骑兵,同样也是来自对瑞典的学习,即在战斗中前期,普鲁士军队会像瑞典军队一样,先用火枪对对方阵地进行射击,之后便是冲锋。在冲锋之中,使用两把或三把手枪继续进攻。当手枪的子弹用完后,再绕圈跑回,换枪支继续进攻,直到把敌方消灭为止。

18世纪,老德绍根据欧洲各国的线性战术,研究出一种适合于普鲁士军队的战术。这种战术的最大特点就是将西班牙、英国、法国的横排齐射改为8排连射。普鲁士军队从左到右横着有8个排,这种战法的方法就是充分利用8个排射击的间隔进行射击。从敌人距自己100步开始射击,连续不断地射击敌人,等敌人到50步距离时已经损失大半,如此便可以得到比三排射击更高的射击频率,避免有时会因为装弹时间不够而被快速冲锋的骑兵突破的可能。

另外一个很奇妙的事情是老德绍还发明了节拍行军法。即每个营有数个击鼓手,在行军的途中,他们会一直以一个速度击鼓,而所有的士兵都按照他们击鼓的速度向前走。这样的行军法要求军队必须纪律严明且具有凝聚力。普鲁士王国一直以来都以纪律严明著称,甚至到了一种变态的程度。因此,这种行军法正适合普鲁士这样的军队。在行军中,击鼓手会按照军队长官的要求,将鼓点快击或慢击,所有人都会整齐步伐一起前进。即使在行进的途中有人被打死,后面的人也能及时补上。这样的军队就像敢死队一样,仅仅靠完全一致的步调就足以将敌人的士气打掉。

陆地战

1740年,普鲁士国王由腓特烈二世,即腓特烈大帝即位。几乎同时,奥地利也由特蕾西亚女王即位。为了争夺德意志的霸权,分别开始了扩充军队的行动。1742年,腓特烈大帝的军队向哈布斯堡王朝的领地进攻,在查图西茨战役中腓特烈大帝首次使用老德绍发明的鼓点行军法,命令军队以每分钟120步的纵队行进,并在行进的过程中用枪向哈布斯堡王朝的军队射击。对于这种新式打发,哈布斯堡王朝的军队士气尽失,很快便土崩瓦解。这次战役是腓特烈大帝的首次大胜,所以这次的打法在他眼里被视若经典。在经过分析后,特蕾西亚女王发现普鲁士其实就是想要西里西亚,并不想将奥地利干掉,所以索性与普鲁士签订了《柏林条约》,最终确定了西里西亚归普鲁士所用。

不过,特蕾西亚女王绝对不会咽下这口气,她在之后的几年里,将哈布斯堡王朝在各地的驻军召回奥地利,然后又将萨克森收入囊中,由此一场新的战争开始了。1745年5月开始,两国来回来去地在德意志土地上进行着拉锯战。终于,在9月29日的战斗中,腓特烈采用已经消失1000年的斜线战术在败中取胜。普鲁士在争夺战中开始逐渐占据上风。

1756年,普鲁士与英国签订了《威斯敏斯特协定》,保证两国在战争中协同作战。为了与普鲁士争锋,哈布斯堡王朝也与法国结盟,签订了《法奥攻守同盟》。正是这两个协定,构成了七年战争的最早格局。之后,神圣罗马帝国的一些小邦与葡萄牙参加了普鲁士与英国的联盟,而瑞典、萨克森和西班牙则参加了奥地利与法国的联盟。俄国作为打酱油的,最开始参加了奥地利的联盟,之后又退出加入了普鲁士的联盟。

1756年5月6日,在布拉格附近两国又进行了一次战斗,这次战斗虽然最后仍旧是普鲁士赢了,但却损失了超过奥地利军队的更多人,等于是一场胜利的失败。对于腓特烈大帝这种不顾性命的硬拼,特蕾西亚女王知道根本无法打胜,所以便请出了著名的奥地利将军道恩,希望他能力挽狂澜,在最后时刻解救哈布斯堡王朝。果然道恩不负众望,在 1757 年的科林之战中普鲁士大败,腓特烈大帝仓皇逃窜。就在此时,英国人退出了联盟,普鲁士又受到俄国从东部、瑞典从北部的同时进攻,本来以战为守的战术被大幅度削弱。腓特烈大帝在整个 1757 年的上半年都在到处救火,根本无暇继续向德意志诸邦的腹地继续前进。不过,11 月腓特烈大帝在罗斯巴赫打了一场大胜仗,暂时缓和了腹背受敌的压力。

可是,腓特烈大帝在西里西亚作战的由倍弗恩公爵领导的军队却在与道恩率领的奥地利军队的战争中连续失败。不得已,腓特烈大帝只好调集了 18 个营的步兵与 23 个中队的骑兵前去增援。而腓特烈大帝本人也随后加入了战争的行列。

道恩知道,普鲁士军队尽管疲惫不堪,但因为刚刚经历了一场大捷,军队的士气如日中天,如果正面战争必然不会有什么好果子吃。可是军中其他人,特别是洛林亲王认为这是一个机会,应该将腹背受敌的普鲁士人直接打败,此后奥地利的哈布斯堡王朝继续还是神圣罗马帝国的共主。对于洛林亲王的要求,道恩无力反驳,只好答应。

12 月 2 日,腓特烈大帝到达西里西亚的布雷斯劳,这时他发现普鲁士军队已经暂时停止了对奥地利军队的恐惧,并开始恢复过来。因此他命令军队在第二天休整一天,等待时机再战。同时,他还慰问了伤病员,鼓舞士气,说了一段非常著名的战前宣言。总之,这一切的结果就是令普鲁士军队再次拥有必胜的信心,焕发出应有的强大战斗力。

12 月 4 日,腓特烈大帝的巡逻兵报告奥地利军队已经撤出城市,在附近的伊洛藤村筑好防御工事,静等普鲁士军队的来临。对腓特烈大帝来说,这次的战斗从人数和装备上来说普鲁士都是绝对劣势。因为此时的奥地利军队至少有 6.6 万人以及 200 门大炮,普鲁士军队只有 3.9 万人与 160 门大炮,而且其中还包括不少伤病员。可对于腓特烈大帝来说,这场战役只能胜不能败。因为如果失败整个西里西亚必将失去,普鲁士占领并统一德意志的可能性也将成为泡影,所以他假装认为自己的军队战斗力更强,而且也向所有士兵贯彻了下去,希望他们能以一当十。不过,奥地利军队也有弱点。奥地利女王在名义上还是神圣罗马帝国的皇帝,所以可以调动一些德意志诸邦的军队。在这次的战役中,奥地利的军队就包括一些萨克森、巴伐利亚和符腾堡的军队。他们由匈牙利将军弗朗茨·纳达什迪率领,大多数被部署在奥地利军队的左翼。他们的战斗力要弱于奥地利军队,而且经常因为内讧而造成各自为战。

到达伊洛藤村附近后,腓特烈大帝发现奥地利军队并不在村里,而是沿着附近的两个小村庄一字排开,专等普鲁士军队进攻就用大炮和火枪将其悉数消灭。对于奥地利采取的这种战术,腓特烈大帝非常清楚,他知道如果使用往常的三排火枪战术必将全军覆没,所以他将步兵分成两个纵队纵向前进,同时几队骑兵在纵队附近进行保护。

普鲁士军队在进入战场后立即发动了进攻,由火枪兵组成的前锋队伍很快便打垮了奥斯力的萨克森援军。不过奥地利军队人数依然众多,腓特烈大帝对这个棘手的问题感到非常难办。不过就在这时,他突然发现了奥地利军队的空隙,那就是奥地利军队的左翼没有完全利用好地理优势,空出了一片原本可以作为防御的沼泽和小山丘,只在它们后面建立了几个炮台和防御工事。如果普鲁士军队可以利用山丘掩护自己的动向,奥地利左翼一定会大败。

腓特烈大帝希望采用声东击西的佯装战术,即大部分军队假装攻击奥地利军队右翼,然后由精锐部队去攻击奥地利的左翼。

12月5日上午,腓特烈大帝指挥一支骑兵佯攻奥地利的右翼,随后火枪兵跟上为骑兵打掩护。同时,中部的残兵跟着节拍向坚守阵地的奥地利火枪兵阵营发动进攻。奥地利右翼发现普鲁士军队的动向,立即向道恩报告,认为普鲁士军队要采取自杀式进攻,紧急要求增援。道恩收到讯息后也这样认为,便带着预备队一起来到右翼增援。

殊不知,就在道恩增援右翼的时候,腓特烈大帝正带着两支预备队和炮兵向奥地利军队的左翼慢慢前进。在两个小时内,这些普鲁士人就到了奥地利军队的小山丘前。尽管奥地利已经发现了普鲁士的动向,但他们不确定普鲁士军队的数量与下一步行动,所以便一直按兵不动。到当日下午 1 点,在小山丘和奥地利左翼的北面已经集中了 7 个营的火枪兵、3 个营的掷弹兵以及 20 门大炮。

当部队集结完毕,随着一声呐喊,普鲁士的炮兵接连向奥地利左翼开炮。接着骑兵开始向奥地利军队猛攻。刚一接触,符腾堡军队便被打散,退到巴伐利亚军队之中。对于突然的进攻,弗朗茨·纳达什迪将军命令龙骑兵与猎兵一起进攻,希望能暂缓普鲁士人的进攻,从而赢得时间,获得其他奥地利军队的增援。也就在这时,腓特烈的预备队骑兵正好也要向奥地利军队进攻,两队骑兵立即搅在一起混战。不久,普鲁士骑兵因为战斗力更强,且有炮兵和火枪兵的协助,占据了优势,遂将奥地利骑兵打败。接着,普鲁士火枪兵跟上,将剩下的奥地利左翼步兵全部消灭。

其实,道恩听到左翼的喊杀声时,就已经明白了普鲁士军队只是佯攻而已。当他想派出军队增援时,却获知左翼已经溃败的消息。他只好将中部军队调转 90 度,同时迎击从北面和西面合围的普鲁士军队。在普鲁士军队的紧逼下,奥地利军队已经几乎全部龟缩于伊洛藤村附近。正当奥地利军重新部署准备突围的时候,普鲁士的 40 门 12 磅重炮与大量的火枪兵一起密集射击,奥地利军损失惨重。

下午 3 点半,普鲁士进行了最后一次冲锋,火枪兵快速跑步到奥地利军阵前,将剩余的奥地利军队一扫而净。最后,奥地利在村后的预备队还准备一战,但因为普鲁士军队士气正高,冲锋的奥地利军也没有获得任何好处。从而该战役结束。

这场战争中,虽然普鲁士军队取得了胜利,但两军皆损失惨重。普鲁士约损失 6 000 人,奥地利约损失 10 000 人,两军差不多都损失了 1/5 的军队。但是,这次的胜利令普鲁士解决了腹背受敌的局面。在随后的几场战役中,普鲁士军队接连打了几次胜仗,从而成为统一德意志的决定性力量,奥地利则越来越离德意志这个战场远去。

从这场战役可以看出,18 世纪中叶的火枪兵已经成为整个战场上的主力部队。原本在 17 世纪还处于绝对主力地位的骑兵已经开始让位,炮兵更是成为火枪兵的有力援助。此后,普鲁士军队的作战方式和行军原则迅速成为各国所学习的对象,直到拿破仑的崛起,世界军事才有了新的发展。

水战

对普鲁士来说,海战一直是一块心病,因为普鲁士在1850年之前一直没有海军,而且他们的海上基本由瑞典、俄国与英国所封锁,普鲁士能派出的只有商船而已。

1850年,普鲁士输掉了与丹麦的战争。事后,国民大会决定由普鲁士国王的弟弟艾伯特亲王建立"德意志皇家舰队",这是普鲁士第一次有了海上舰队。普鲁士的历史从此也翻开了新的篇章。

第十章 瑞典王国火器兵

在中国历史上有个著名的春秋五霸,其中的楚庄王经常被人们称作偏霸,虽有实力但是距离中心地区较远,虽然大家重视,但只要该人死后就不再有人想起。在世界历史上也有这么个国家,那就是瑞典。

大约在10—11世纪,瑞典成为一个独立国家,此后的200年,瑞典便开始遵循着对外扩张的方针,向芬兰和俄国扩张。可也就在此时,丹麦崛起,将瑞典的势头压了下去。1389年,丹麦军队攻入斯德哥尔摩,将瑞典变成丹麦附属国。1397年,丹麦女王玛格丽特成为北欧诸国共主,成立了卡尔玛联盟。其后的100年中,虽然瑞典时有独立,但始终在丹麦的威慑之下。1520年,斯德哥尔摩又一次被攻陷,瑞典再次被丹麦征服。但在1年后,瑞典国王古斯塔夫一世便开始了反抗,他用了3年的时间,重新从丹麦独立,建立了新的瑞典王国。此时距离荷兰军事改革还有40年时间。

任何国家在刚出现时都是欣欣向荣的,这句话也适合于瑞典。在瑞典独立后,瑞典国王们便逐渐对国家和军事进行改革,建立了完全的世袭君主制政体。进入17世纪后,古斯塔夫二世更是秉承了其先祖的扩张政策,开始向着波罗的海周边扩张。在这期间,查理九世与古斯塔夫二世严格学习荷兰的军事改革政策,建立了常备军与雇佣军军团,并引入火枪兵加强火力装备,最终完成了近代化军事。因此,古斯塔夫二世也被称为"近代军事之父"。除此之外,瑞典人还利用宗教作为后盾,打出"上帝与我们同在"的大旗,在之后的战争中所向披靡。三十年战争后,他们的这一军事形式被普鲁士所采用,成为德国后来一直遵循的战斗传统。

在三十年战争期间,瑞典作为新教的领袖,在德意志的土地上打了一场又一场著名的战争,特别是布赖滕菲尔德战役中瑞典击退神圣罗马帝国军队,让古斯塔夫二世的名字永彪史册。

在近代军事改革初期的荷兰体系中有一个致命的弱点,那就是军队善于围攻而不善于野战,到瑞典完成近代军事改革之时,这个弱点已经不再存在。因为瑞典军队使用了长矛兵为滑膛枪兵保护,滑膛枪兵为骑兵保护的策略,将火力与战斗力都提升到最佳状态。虽然这种作战方式拥有火枪兵装填弹药时间过长而被攻击的弱点,但对于近代战争军事制度的发展绝对是利大于弊的。

因为这些变化,在整个17世纪,瑞典的军力和战斗力几乎无人匹敌,瑞典在17世纪中叶的最盛期,得到了芬兰、丹麦北部、爱沙尼亚、立沃尼亚和波美拉尼亚等一些土地,同时一直在向俄国扩张。1700年,俄国彼得一世被瑞典查理十二世战败。不过,因为瑞典地广人稀,后援接不上,而且过于深入俄国内部,所以在1709年于波尔塔瓦战役中全军覆没,成为近现代史上第一个在俄国折戟改变世界走向的国家。

此后,瑞典从攻势转变为守势,后因为内部的混乱与拿破仑的崛起,本土外的全部占领土地都被夺回或瓜分,重新成为北欧一普通国家。

武器与装备

在中世纪时期,瑞典作为北方国家,一直在与丹麦的争雄中度过。但因为位置过于偏北,各种武器的制造和使用都处于最为落后的阶段。特别是当西欧各国进入全面封建制时代,开始使用雇佣兵之时,瑞典仍旧是较小的民团。雇佣兵普遍使用铁器制造各类先进兵器,而瑞典却仍旧在维京海盗时期的装备。

16世纪后,瑞典的军队普遍采用征兵制,使用的武器由人民分摊。而由于南方强邻波兰的崛起,这时,先进的武器纷纷被仿造并制造出来。当然,枪支也是不会例外的。可是,瑞典由于资源较少,只能依靠部分进口,所以也使武器的装备上长期受制于他人。而且,最为可怜的是,部队想要得到一些铁质的盔甲都十分罕见,每次战争时军队所穿的基本都是棉制的衣物。

17世纪初,瑞典的卡尔九世开始了武器和装备的改革。他所继承的军队大部分都是没有经过训练的士兵,他们拥有的武器简单而原始,马匹矮小羸弱,虽有枪支但基本都是各国淘汰的武器种类。这样的军队在当时仅能应付俄国的哥萨克游骑兵,即便是近邻波兰的军队,瑞典都是无法应付的。因此,他根据瑞典的实际情况,制定了一系列的武器装备改造措施。

在整个中世纪,盔甲几乎是骑士和步兵们最爱的装备,但当火器出现后,盔甲不再具有保护作用。因此,寻找一种轻便而方便使用火器的军服就成了各国的需要。如英国和法国发展出了敞口大排扣军服、普鲁士和俄国发展出大衣式军服。而这些军服的起点其实都是从瑞典军服衍生而来的。说起来,瑞典的军服与16世纪末到17世纪初英法等国的军服不同,是最早的紧身棉衣军服。他们将贵族穿着的棉衣进行改造,腹部的隆起部分取消,以保持活动方便。下身着短裤和白色长袜。上身系有背带,用于装武器和弹药。之后于1625年,又加上了外罩长袍。此时,瑞典正式将军队分为黄色连队、红色连队、蓝色连队等。其中黄色连队是近卫军,其他都是战斗军队。这些人穿着的军服,准确说来长袍上面是有颜色的,是根据连队的颜色名,而将整件长袍都涂为一个颜色,从而进行区别。在长袍内,就是我们前面说的瑞典式紧身军服。

据当时的一份来自英国的报告所说,古斯塔夫二世命令国内制作粗厚布料,以为军队赶制配备服装。他们会将布料染成黄色、红色和蓝色,以示区别。在战争上,古斯塔夫的军队就像一个节日游行队伍,因为从来没有哪个国家的君主愿意如此装扮自己的军队。但古斯塔夫二世不仅如此做了,而且还将这一军服传遍了整个欧洲。

瑞典采用的武器是当时最为先进也最为流行的滑膛枪。该枪部分自己制造，更多的则是进口产品。当时的英国是最大的武器出口国，所以瑞典人也从英国采购相当多的枪支制品。其中最为著名的也是"狗锁"式火枪，这种火枪已经在前面介绍过，就不多说了。

其实，瑞典军队最重要的武器是火炮。在当时，各国普遍使用的都是野战炮，而野战炮使用的弹药都是沿袭于西班牙军队。即将炮弹按照轻重分为48磅、24磅、12磅和6磅等。各国的炮弹也基本都是这样分下来的。但是在实战中，有时需要少量的人用最大量的炮弹迅速击发，但最轻的炮弹也有6磅重，不可能一个人又操纵火炮又装填弹药。就算是这样做了，也会极大地影响射击速度。要知道，在战场上一切都是瞬息万变的。因此，瑞典军队设计出了3磅的炮弹，专门用以快速装填以打击敌人。而且，这些炮弹都是装在长方形的木质盒子即弹药箱中，节省了人力物力，也加快了射击速度。同时，射击用的野战炮也被古斯塔夫二世缩小，成为类似于现代火箭筒的皮炮。该炮顾名思义，即将青铜炮管的外面加包一层皮革。不过，在后来的战斗中，瑞典军对发现该炮经常会起火，所以便将皮革去掉，重新成为青铜制野战炮。

军队的构成

17世纪之前，瑞典的征兵政策不甚清楚。但从17世纪之后，古斯塔夫二世根据荷兰与西班牙的征兵法制定了非常细致的全国征兵法，后这一征兵法被普鲁士学习，成为近代普鲁士的征兵法。古斯塔夫二世继承了古代的什一税法，即每10个瑞典的15岁以上的男孩其中就有1个要被选中去当兵。据说每年都会选中某一天，在瑞典各地的集会场所中集合起所有15岁以上的男孩子。在长官宣讲完征兵令后，就将孩子们每10人排成一排，征兵官会从中选择一人进入军队。那时候，征兵官一般本着一个原则，那就是一定要选中的人比较强壮有力，有利于在战争中拼杀，相比之其他人拥有更强的战斗力。当选中人选后,其他未被选中的 9 个人就要为选中的人承担武器和服装的费用。

这些被选中的人,一般都会被派到各地的地方部队中去服役。之后由地方选择比较优秀的团队,每年向国王的军队派遣 3 个野战团,每个野战团会分为两个营,不过瑞典人称营为中队,以区别荷兰的营。一般来说,每个中队会拥有 216 个长矛手和 288 个滑膛枪兵。其中长矛兵分为 12 个小队,每小队 18 人,滑膛枪兵也分为 12 个小队,每小队为 24 人。有时,一些滑膛枪兵(大部分为 4 个小队)会被分配到骑兵队,作为骑兵掩护用。

不过,瑞典作为北方国家,地广人稀,可征兵员并不多。因此,雇佣兵也成为瑞典军队的选择之一。在当时,瑞士雇佣兵即长枪兵已经渐渐退出历史舞台,替代他们的是苏格兰高地兵与德意志雇佣兵。当时西欧各国为了维护自己的利益,就经常雇佣这些兵种,以至于在三十年战争和北美战争中,经常能看到这些原本出自同一国家的雇佣兵相互为雇佣者而成为仇人。当然,瑞典也正需要这样的雇佣兵。为了统一化管理,古斯塔夫二世制定了著名的《瑞典条令》,即雇佣兵组织和训练守则。其中要求雇佣兵必须常年服役,不得像过去瑞士雇佣兵那样,如果本国出现情况就会不顾雇佣者而逃跑。同时雇佣兵必须参加训练和宗教仪式,如果有任何懈怠的话,情节轻的要接受处罚,重的直接执行死刑。这一条令一经颁布,很快便取得了非常好的效果。雇佣兵逃跑现象大量减少,而且军队的凝聚力和战斗力也增强了。

在战斗中,瑞典军队中的三到四个中队会被合并成一个旅。然后会根据这个旅的军服的颜色情况划分为红旅、蓝旅、黄旅等。每个旅会配备 12 门轻型大炮。这些大炮发射的炮弹一般都有 3 磅重。最令人感到有趣的是,这些炮弹是被装在方形箱子中的。这个发明又是古斯塔夫二世的新创造,在当时这绝对是一个创举。而且,用方形箱子装武器和弹药这一发明直到现在还在使用。原本古斯塔夫二世的目的是增快火力,即用箱子盛放能更快地填装,原本发射 3 次的时间能发射 4 次。

战 例 与 战 术

瑞典的战斗方式被后世称为瑞典战术,不过很显然他是来自荷兰的军事改革。1601年瑞典国王查理九世将荷兰的军事改革引入了瑞典,并将瑞典军队也改造成了相似的军队组织形式。而当古斯塔夫二世即位后,该战术在1620年又进行了改进。他认为加强火力虽然可以增加军队的战斗力,但是同时火力也可以保障自己军队不受或少受损失而去防御。

因此,瑞典军队在战争中十分强调火力,他们使用滑膛枪手与火炮的合作作战形式。他们将长矛兵放置于队伍中央,两侧全部由滑膛枪兵组成,火炮则位于军队后面位置,以有利于轰击迫近的敌军而不会伤到自己的军队。古斯塔夫二世将荷兰的多行火枪兵排行改变为3或6行。在敌军稍远时,由数行进行与荷兰相同的开枪顺序。但当敌军逼近时,6行便会合并为3行,首行半蹲,第二行弯腰,第三行直立,一起向敌军开枪。同时,火炮会连续轰击迫近的敌军,使己方的火力达到最强。当装填弹药时,火枪兵一起退到长矛兵之后,由长矛兵对其进行掩护。装填弹药完毕后,再次3行一起开火。一直往复,直到将敌军打垮。瑞典的骑兵遵循的是无限向前压制对方的战法。即骑兵开始进攻时先慢行,之后在中途改为小跑,到敌军面前时改为冲锋,从而将敌军的士气完全压垮。这种战术的作用在布赖滕菲尔德战役中达到了顶峰。

在这场战争中,古斯塔夫二世与萨克森盟军在布赖滕菲尔德与神圣罗马帝国军队遭遇。尽管萨克森军队在一开始就开始溃败。但强大的瑞典火枪兵稳住阵脚将萨克森所在的左翼重新维护起来。同时,强力的火炮打击着帝国军队,终于令瑞典军队大获全胜。

基本上,在三十年战争时期,古斯塔夫二世创造了长矛与火枪的合作战术,而且将其发扬光大。这种阵形和作战方式在17世纪还是相当管用的,但到了17世纪下半叶就不是那么有效了。因为对于法国式的以骑兵为主的军队,瑞典的滑膛枪兵如果没有准备好发射子弹,很可能会被骑兵所冲垮,非常容易受到伤害。

陆地战

1631年,也就是三十年战争打得最为激烈的时候,瑞典发动了一场战争,即布莱登菲尔德战役。

正如前面所说的,16世纪时瑞典才发展为一个大国,究其主要原因还是缘自强邻波兰的崛起。16世纪中期,条顿骑士团成为普鲁士王国,俄国先发制人占领了这里。但不久后,波兰便尾随而至,挑起了著名的利沃尼亚战争。结果,战争以波兰的全面胜利而结束。此后,波兰力量越来越强。与此同时,丹麦也重新发展起来,他们左右夹击,令瑞典喘不过气了。当时的瑞典尽管有一些骑兵与步兵,但更多的是临时征召来的"乡村士兵",毫无战斗力。总是被对方一击即溃。17世纪初,刚刚即位的古斯塔夫二世走了一条寻找探索之路。与后世的彼得大帝一样,他化名加尔斯,在数年的时间内游历了大半个欧洲,获得了一系列外国的先进军事资料。

正当他想坐稳王位之时,波兰君主,也是古斯塔夫的堂兄齐格蒙特三世利用瑞典的习惯法,声称古斯塔夫没有即位的权利,真正的瑞典国王应该是他才对。就此,两国针锋相对,一场战争蓄势待发。不过,法国的红衣主教黎塞留在1629年出面调停,协助两人签订了合约,保证各国的利益不受损失。

乍看起来,黎塞留是好意调停,其实更重要的是他看到了瑞典的快速崛起,当时各国已经在三十年战争中耗费了大量的财力和物力,如果能将瑞典拖过来,一定能将其变成反对神圣罗马帝国,特别是哈布斯堡王朝的急先锋。

而瑞典的确也希望扩充自己的生存空间,而且法国竟然真的给了古斯塔夫二世一笔钱,用力支持他的战争事业。所以次年古斯塔夫二世的军队便从普鲁士的边境地区叶切青登陆,卷入早已非常混乱的三十年战争之中。

在叶切青驻扎期间，古斯塔夫二世将军队划分为红、黄、蓝、绿四个军团。其三个军团本身是1625年改革的结果，绿色军团则是勃兰登堡选帝侯派往波兰来打击瑞典的军队，在战争的最后一刻这支军队归化为瑞典所有，成为瑞典军队的一部分。这支军队的领导者是为苏格兰人约翰·赫本，也正是他在英国发动了英国内战。

1630—1631年的一年间，瑞典军队就如同磁石一般，吸引了附近的诸多军队参加同盟。到后来，同盟军队数量已经超过瑞典军队数量，古斯塔夫二世不得不将这些军队又增划为白、黑、橙、棕色四个军团。

随后，古斯塔夫二世的军队展开了对神圣罗马帝国的进攻。而这一年，正好是帝国名将华伦斯坦被解除军职的时候。因此，古斯塔夫二世的瑞典军队长驱直入，不过最开始瑞典人只是在奥得河沿岸进行攻坚战。此时，恰好易北河地区发生市民暴动，以迎接古斯塔夫二世为首的新教徒的进入。这正是天赐良机，古斯塔夫二世进入北德纵深。神圣罗马帝国的统帅蒂利伯爵虽然与瑞典人有了一些小规模的接触，但很快便被击败。一时，整个德意志地区都提古斯塔夫色变。

1631年9月15日，蒂利伯爵进攻了萨克森选帝侯的领地，并占领了其重镇莱比锡。萨克森选帝侯本想在两方之间保持中立，但现在的形势等于是硬推着他转向瑞典的军队。因此，2万萨克森大军进入了古斯塔夫二世的怀抱。

瑞典军队约45 000人快速赶到萨克森领地，蒂利知道自己的军队虽然有36 000人，但战斗力绝对比不上瑞典军队。但因为形势所迫，只好在莱比锡城北的布莱登菲尔德列阵，以与瑞典军队一决雌雄。

在战场上，两军都摆出了前方为步兵，侧翼骑兵，炮兵殿后的阵形。唯一不同的是蒂利的军队采用的是传统的西班牙式大方阵，而古斯塔夫二世的军队采用的是线性队列。战争一开始，两军便进入火炮对射阶段。殊不知，火炮是瑞典军队的长项。正如前面所说，古斯塔夫二世改造野战炮为皮炮，而且瑞典军队使用的是3磅重的炮弹。相比神圣罗马帝国军队，不仅重量轻，而且射速是对方的三倍。令神圣罗马帝国军队应接不暇。

这时,发现神圣罗马帝国军队已经处于下风的巴本海默不顾蒂利的阻拦,组织其所在的左翼骑兵进行冲锋,寄希望于能够减缓瑞典军队的火炮发射频率。但就在他冲锋之时,两军统帅几乎同时惊呼,胜负已分。

要知道,巴本海默所率领的骑兵曾是全欧洲都所向披靡的军队。他们每人拥有三支火绳枪。可以在冲锋的过程中连续三次打击敌人,强大的火力往往使对方还未接触就丧失了信心。但对于瑞典的军队,这一方式却根本没有起效。因为此时瑞典军队使用的火枪早已不是西班牙式的火绳枪,而已经改为燧发枪。只要一名士兵便可以操作。而且瑞典线性战术令瑞典军队的火枪射击永不停歇,在密集的枪林弹雨中,神圣罗马帝国骑兵的进攻根本没有任何效力,反倒经常是损失惨重。但是,对于巴本海默的英勇我们还是应该赞扬的,因为他不顾自己的伤连续七次进攻瑞典军队。到第七次时,帝国军骑兵已经所剩无几,瑞典军队仅仅简单的进攻就将神圣罗马帝国军队的左翼打败了。

蒂利见势立即要求军队全线进攻,这时瑞典军队竟然也出现了问题,那就是萨克森的军队竟然临阵脱逃,瑞典军队左翼出现缺口,两军形势变得难解难分。蒂利见到这一情形,不失时机地要求中间的主力调派军队去增援,可是还没等军队到达右翼,瑞典的军队就补上了缺口,战机消失。蒂利的帝国军队不像十年后英国埃杰山战役那样拥有后备部队,这一切都化为泡影。此后,瑞典军队在火力的支援下,形成了一边倒的局势,很快地便将神圣罗马帝国军队打垮了。

战后计算,瑞典军队损伤 2 700 人,其中 2 000 人是萨克森军队。神圣罗马帝国军队阵亡 7 600 人,受伤被俘的 5 000 余人。在这次战争中,瑞典线性战术崭露头角,成为未来战争的新宠。随后,古斯塔夫二世进攻南部德意志。发现已无险可守的神圣罗马皇帝只好重新启用华伦斯坦。华伦斯坦使用瑞典人的战术,1632 年从夏天到秋天,两军从纽伦堡对阵到吕岑堡,虽然瑞典军队都以胜利告终,但一代霸主古斯塔夫二世却在吕岑堡战役中阵亡。从此,瑞典军队走上了下坡路。

水战

在瑞典持续走下坡路的时候,在波罗的海沿岸另一个蒸蒸日上的国家出现了,那就是著名的沙皇俄国。俄国沙皇彼得一世效仿瑞典国王古斯塔夫二世,在欧洲各国游历,将各国的新发展、新战术等带回落后的俄国,于1705年在芬兰对岸的喀琅施塔得建立了俄国的第一支近代海军舰队。不过,值得注意的是,这支舰队装备的不是西欧各国盛行的风帆船,而是200年前西班牙式的划桨船。这是因为在波罗的海地区含盐量较低,海上根本没有任何洋流通过。更重要的是这里如果刮起风来,经常是到处乱吹,对于需要一定时间和方向的风帆船只来说,简直就像噩梦一样。因此,俄国采用了划桨战舰。可惜的是,当时的瑞典更多的使用的是风帆战舰,而且其中大部分是商用和军用两用的。

1714年—1719年,俄国就是凭借着这支并不太可靠的古老舰队竟然多次将拥有风帆战舰的瑞典打败。一时,数以千计的瑞典人无家可归。瑞典只好在史塔克特海峡修建了大量防御工事,以延缓俄国人的前进步伐。正如所预料的一样,俄国人因为武器装备的落后,在这些工事下纷纷倒毙,结果只占据了波罗的海东南岸的部分沿海地区,而且这些地区原本就不是瑞典的领土。

因为这次事件,瑞典不再完全采用风帆战舰,也开始制造了一些小型划桨战舰,用它们与风帆战舰合作,一起攻打俄国舰队。不久后,彼得一世去世,俄国的舰队一落千丈,瑞典人不失时机地将其踩在脚下。直到18世纪下半叶叶卡捷琳娜二世即位时,俄国舰队才重新焕发光彩。可是,世界上的事情总是双重的,就在叶卡捷琳娜二世整顿俄国,将俄国塑造成一个大国时,瑞典也迎来了他的第二春,那就是瑞典国王古斯塔夫三世的即位。

古斯塔夫三世是瑞典国王阿道夫·弗雷德里克的儿子,也是叶卡捷琳娜二世的表兄,同时又是普鲁士国王腓特烈二世的外甥。由此可见其政治地位之高。而且,他一直就有一个愿望,那就是继承古斯塔夫二世的遗志,让瑞典重振其威。1771年即位后,仅用了半年的时间就整顿好了瑞典的贵族混乱，控制了局势。

当内部混乱平息后，古斯塔夫三世立即将自己的眼光转变到重新建立瑞典海军上。他学习俄国的经验，建立起了一支近岸舰队。该军队由陆军负责，并由陆军少校指挥。瑞典原本想继续建成风帆舰队，但因为屡次受到俄国划桨舰队的攻击，转而开始制造风帆和划桨并重的军舰。在多次试验后，瑞典造出了一种名为"近岸护卫舰"的船只。该舰的最大特点就是可以风帆与划桨并重使用，同时具有和风帆战舰同样多的火炮。为了解决火炮的重量与间隔问题，瑞典的工程师查普曼制造了三种不同的近岸护卫舰。第一种名为乌德马级护卫战舰，该战舰最为狭小，但火炮却最多。因为该战舰创造了多层火炮射击的设计。即将第一排火炮放在船只上方，第二排火炮放在隐藏的第二层甲板处。而且还有多个窗口，以利于射击。平时第二层甲板的窗口是关闭的，只有在战斗时，火炮才被推到位，同时将窗口打开。以达到双倍火力轰击的目的。第二种与第三种近岸护卫舰名为图鲁玛级与海梅马级战舰，它们没有第二排隐藏的火炮，只是简单的单层火炮设计。另外，该战舰还有一项最值得骄傲的发明，那就是船尾的上层部分和船舵都是可以拆卸的，由此舰上的火炮根本不用在乎窗口的大小，几乎可以达到180度的射击。到俄瑞战争前，瑞典共有26艘战列舰、12艘大型快船与4艘小型快帆船。俄国当然也不能落后，俄国海军采用英国的战舰与战术，引进并仿制了英国式的船只。在俄瑞战争前俄国已有35艘战列舰、25艘快帆船。从军舰的数量上看，两国基本不相上下。但从质量上看，俄国明显优于瑞典。因为俄国的战舰全部都是新造的，而且吃水较深，利于深海特别是地中海的航行。而瑞典的战舰有一半都是比较老的舰型，为了火炮发射，故意制造得吃水很高。要知道，这些弱点在海战中都是致命的。

1787年，俄土战争爆发。俄国将军力大部分放到与奥斯曼土耳其的战争之中。乘这个机会，古斯塔夫三世于1788年向俄属芬兰即卡累利阿进发，从而发动了俄瑞战争。最开始，古斯塔夫三世期望打一场海军与陆军配合的两栖战，但瑞典贵族并不愿听国王的派遣，故意在战前倒戈，使瑞典海军一直败北。特别是在1789年的第一次松德海战中，瑞典舰队被打得一蹶不振。次年,古斯塔夫二世召开议会,剥夺了议会除征税之外的所有权力。之后,古斯塔夫三世亲自率领近岸护卫舰舰队与俄国海军决战。

1790年夏,古斯塔夫三世命令攻取维堡。他想的是可以从这里迫使俄军从卡累利阿撤退,然后将整个芬兰归为瑞典所有。可是,他的这步险棋却被俄军利用。俄军齐恰戈夫的舰队利用优势的海军将瑞典军队困在维堡海峡之中。此时,瑞典军队的唯一机会恐怕只有向俄军投降,才可保有一条活路。但是,古斯塔夫三世绝对不愿意这样的事情发生。因此,他在7月3日凌晨古斯塔夫三世命令舰队突破,寄希望于奇袭打破俄军的包围。结果这一动作果然奏效,齐恰戈夫的舰队还未增援,瑞典舰队便脱出了重围。看到煮熟的鸭子飞了的俄国海军指挥少将查理·冯·拿骚—西根亲王非常恼怒,暴跳如雷地说一定要在下次战斗中取得胜利。

7月9日,时机果然出现了,第二次松德海战爆发。从3日开始,瑞典海军一直在沿着芬兰海岸线撤退,当退到松德海峡的时候,古斯塔夫三世突然命令停止撤退,准备与追赶而来的俄国海军决战。瑞典海军在松德海峡附近展开了阵势,等待俄国海军的到来。古斯塔夫三世将21艘战列舰、单桅帆船以及炮舰部署在海峡中央位置,其他军舰延海峡依次排开。这样做的目的是故意将舰队的弱点放置在敌军之前,引诱敌军进攻。在敌军进攻的同时,两旁的战舰一同开炮轰击,用密集的火力将敌方舰船消灭。

不幸的是,拿骚—西根亲王果然被引诱了过来。当天早晨,拿骚—西根亲王派俄国小舰队从中间冲锋,不遗余力地要将瑞典战列舰摧毁。但当俄国小舰队进攻之时才发现,两旁隐藏了足有近200艘的军舰。当他们进入包围圈后,瑞典舰队火炮齐发,这些军舰立刻成了活靶子。紧随其后的俄国战舰眼见势头不妙,慌忙纷纷撤退。但是俄国舰队船只过多,而且松德海峡也比较狭窄,所以在撤退的途中大量俄国军舰在一起相互碰撞,乱作一团。

古斯塔夫四世的诸战舰见到俄国军舰的混乱状况,立刻火炮与火枪齐发。俄国舰队划桨的水手们大量被炮火轰击致死,令俄国舰队完全处于瘫痪的状态。慌忙逃窜的俄国舰队在这时居然又受到了老天的愚弄。一阵南风刮过,本来已经逃出重围的俄国军舰竟然又被吹回瑞典战舰的围攻之中。从此,战斗变成了屠杀。俄国的军舰已经无法动弹,火药库又爆炸。再加上大量水手被炮火轰炸,人手远远不够。俄国本来准备的每艘船的数十门火炮根本无法放到正确的位置。

拿骚—西根亲王知道自己的舰队这次必然全军覆没,便尽可能地拼死一搏,希望能有几支战舰逃出瑞典人的包围圈。可惜天时地利都不占,最终只有挨打的份儿。3小时后,战斗结束。俄国舰队只有几艘战舰逃出,剩下不是被打沉就是被俘。约有7 400~10 000名俄军司令与水手死亡,而瑞典的死亡人数只有300人而已。

随后,两国于8月14日签订了《韦雷尔和约》,确认两国战前边界不变。可是,古斯塔夫三世对于瑞典的复兴终究是昙花一现,仅仅两年后的1792年古斯塔夫三世被其曾经整治过的贵族的杀手在假面舞会上暗杀,瑞典重新进入混乱时代。与此同时,在瑞典东部的一个国家开始顶替它成为欧洲历史舞台上的主角,这就是俄国。

第十一章　俄罗斯帝国火器兵

在世界历史上，俄国作为欧洲最东边的国家一直因为落后，不被重视。几乎是到了西欧各国都进入真正的全面战争与扩张时代开始，俄罗斯才刚刚走出"混乱年代"，出现在人们的视野之中。实际上，俄国并不等于俄罗斯，俄国是近代罗曼诺夫王朝所统治的范围，其土地面积要远大于俄罗斯。

俄国是东斯拉夫人建立的国家，直到882年才首次立国，可是很快便分裂成诸多小国，互相征伐，并被外国所奴役。中世纪时，俄国的中心是1147年建立的莫斯科大公国。不过在蒙古的统治下，俄国一直没有独立的机会。到了1547年，莫斯科大公伊凡四世，即伊凡雷帝首次称沙皇，俄国终于成为一个独立国家。不过很快俄国就陷入了混乱，直到17世纪初才重新进入人们的视野。1613年，米哈伊尔·罗曼诺夫成为俄罗斯沙皇米哈伊尔一世，不过这一切都是在其父亲——东正教莫斯科牧首的授意下完成的。这一事件成为后来俄国成为世界最强大国家的开端。

米哈伊尔一世即位之初便致力于发展与周边各国的关系，特别是西面的邻居瑞典和波兰，几乎都是俄国学习的对象。到17世纪中期，俄国收回了北部的诺夫哥罗德与南部旧都基辅附近的部分土地。17世纪下半叶，俄国接触到当时的几大国，即神圣罗马帝国与奥斯曼帝国。在战争中，俄国发现长久以来的使用的人海战术和弓箭、骑兵战术已不符合当时的世界战争情况，因此便开始引入西欧各国的枪炮技术以及线性战术。

1697年—1698年,彼得大帝以私人身份乔装到普鲁士、英国与荷兰等地进行考察和学习,甚至在荷兰还学习了造船技术。回国后,他马上对俄国陆军与海军按照西欧各国的建制进行了扩充,并命令配备当时普鲁士人所使用的燧发步枪。之后,大北方战争开始,俄国一举扭转在之前与瑞典的情势,夺得了原被瑞典占领的芬兰和波罗的海海口。由此,俄国如愿以偿地得到了一个可以通往西欧的出海口。

1721年,彼得大帝成为俄国第一位沙皇,沙皇俄国的称号自此雄立与世界舞台之上。他此后又进行了一系列的改革,将俄国迅速变成世界强国。

18世纪上半叶,俄国几乎参加了波兰、普鲁士和奥地利的所有战争,在将疆界向西推的同时,获得与西欧各国更多的联系。到18世纪下半叶,俄国女沙皇叶卡捷琳娜二世将俄国进一步扩张成欧洲强国,瓜分波兰并在俄土战争中将克里米亚收为囊中之物,黑海成为俄国下一个窥探的对象。不过即使是此时,俄国仍旧处于一种对外的半封闭状态,农奴制度和半封建的专制制度与西欧各国格格不入。尽管之后历代沙皇仍旧秉承着彼得大帝对外扩张以及与西欧全面接触的遗志,但因为国土过于往东使俄国一直独立于欧洲诸国之外,以至于造成西欧各国对其的不接纳。而这也就是为什么社会主义革命会首先在俄国发生,以及直到现在俄罗斯也不被西欧各国认为是他们真正伙伴的真实原因。

武 器 与 装 备

一般来说,对于俄国的火器部队,1700年是一个分界点。这一年之前是俄国火器部队的缓慢发展时期,之后则是急速变化时期。

从1550年到1700年,是俄国火器部队的初创阶段。1550年,俄国沙皇伊凡雷帝命令建造俄国历史上第一支火绳枪部队——斯特尔茨军团,自此俄国的火器部队开始登上历史舞台。虽然这支部队全部由贵族组成,但使用的武器却很落后,在配备火绳枪的时候要同时每人配备一把战斧或者一把弓。而且火绳枪兵的数量极少,在每个百人队之中只占据不到 10% 的比例,相比起同时其他国家已经火枪兵已经占据军队一半的水平相距甚远。其实主要原因就是俄国的寒冷天气,火绳枪经常会遇到这样或那样的情况无法使用,反倒不如冷兵器来得快。除此外,火绳枪兵还兼有掷弹兵的作用,因为每人还要背着很重的铁球弹,以备不时之需。

相对于由农民和商人组成的火绳枪兵的落后装备来说,俄国贵族骑兵的装备则要精良多了。抛开华丽的衣服外,最特别的是他们除持有刀剑外还可以每人配备两把装饰非常漂亮的手枪。

俄国的火绳枪继承自早期西班牙与奥斯曼火枪,一般重 6~8 千克,其实一个世纪前的神圣罗马帝国火绳枪已经要比它轻一半了。它的口径为 14—18 毫米,长度是 1.2~1.3 米。该火绳枪最大的问题是装弹药费劲。装一次弹药需要很长时间,且每次装弹药至少要装进 50 克的火药和重 500 克的铅弹。如果一支部队达到战场,可想而知他们想打下战争,每次就必须至少带几百吨的火药与铅弹,而这也仅够他们连续射击十几次而已。

手枪是俄国军工厂仿造神圣罗马帝国的手枪制造的,该手枪最大的特点就是装饰华丽,其射程为 6~10 米。最开始,铁矿是从俄国本土开采并制造成枪支的。但后来因为部队扩充过快,而且确实铁矿的矿石质量较差,所以于 1647 年波兰战争时期,俄国开始大量从西欧采购枪支,包括骑兵用的簧轮手枪和火枪兵用的燧发手枪。此后,这些枪支成为标配,一直到 1700 年才有改变。

1700 年之前的火炮主要是青铜炮,而不是铁炮。到了 17 世纪末的时候,俄军大约拥有 300—350 门野战炮,其中沙皇亲军就有 200 门火炮,另外凡是沃耶沃达等级的军团,每团都有 50—80 门火炮,此外像新式部队一如斯特尔茨这样的,每团也可以拥有 6—12 门团属炮,龙骑兵还有他们自己的骑炮兵部队,到了 17 世纪 80 年代的时候,该骑炮兵大概拥有 20 门火炮。为了增加机动力,炮弹也缩小了,从原来的 5 磅和 10 磅减到 1 磅和 3 磅,新式火炮也大量出现,包括后膛填装炮,有膛线炮、多炮管式火器,甚至出现了方型短炮管发射霰弹的火炮,这一时期的炮车还大多漆成红色,直到彼得大帝时期才改漆成绿色。

在彼得大帝之前的50年,俄国沙皇们便已经将过时的火绳枪全部改为西欧式燧发枪。该枪比起当时其他东欧国家的,是最先进的了。这种燧发枪综合了俄国火绳枪与瑞典燧发枪的特点,因此也被人们称作"波罗的海锁",不过在与瑞典人的战争中,因其速度与准确度不佳,慢慢地开始被抛弃。1700年彼得大帝刚上台时认为不能只将瑞典作为学习对象,只有绕过瑞典,才能获得更好的武器装备。因此在几年间,他从英国与荷兰采购了15 000支更先进的"狗锁式"燧发枪,以增强部队的火力,并压制住瑞典的扩张。起名为"狗锁式"的原因是其扳机扣锁像极了狗头。当时,俄国的军工厂已经不像1700年之前那样在莫斯科绝无仅有了,全国各地都有新式的军工厂。因此,这些燧发枪便一部分发给士兵使用,而另一部分由军工厂仿造。1704年,荷兰人克柳克为俄国仿造了一种新的枪支。仿造的燧发枪要比"狗锁式"燧发枪更好,因为其综合了英国和法国的燧发枪特点,因此也被称为"法国锁"。这种燧发枪在大北方战争中崭露头角,并帮助俄国人取得了战争的最后胜利。

在大北方战争期间,俄国军队的枪支都是临时购买和仿造的,因此在战场上使用的枪支质量、型号不一,甚至一个团里还仍旧是早期火绳枪与新购买的燧发枪一起使用,结果造成了一定的混乱。不过在1706年,这个问题得到了改观,图拉军工厂与圣彼得堡军工厂持续不断地制造了大量统一型号的燧发枪,使这个问题得到了解决。该燧发枪的长度为165厘米,口径12毫米,它使用34克的弹丸进行发射,有效距离为200米。

普鲁士对于携带子弹的解决方式是弹药筒,而俄国对于子弹的解决方式则是弹药包。弹药包长20厘米,宽12厘米,上有可调长短的黄色肩带,可以让单兵随时背着弹药使用。弹药包一般为黑色或褐色,最开始上面使用代表俄国沙皇的权球黄铜块镶嵌,后来改为黄铜双头鹰标志,并在四周有四个小黄铜旋钮。

对于火炮,彼得大帝时期也进行了一些改革。在1700年以后对纳尔瓦的争夺中,俄军的火炮已经远超当年的仅有一两种炮种的青铜炮,已发展为拥有野战炮、迫击炮、榴弹炮等在内的多种火炮。它们虽然还用青铜铸造，但不再是铜锈色，而是改为统一赭石色，而且在炮上加上徽标，以辨别军团。

俄国火枪兵早期普遍穿有类似于奥斯曼肋骨服的大排扣衣服，然后再在外面套上锁子甲。头盔是类似于中国明代头盔和维京海盗头盔的结合，圆形的头盔上有一个尖顶，不过不带穗，头盔下有两翼，而且头盔眼前多一个挡鼻梁。为抵御寒冷天气，他们一般穿长裤，并蹬长筒皮靴。

相对于由农民和商人组成的火绳枪兵的落后装备来说，俄国贵族骑兵的装备则要精良多了。他们内穿盔甲与大排扣衣服，外罩绣有纹饰的皮衣。头盔一般为传统尖顶帽或者钢制圆盔。裤子是绣着纹饰的厚重皮裤，下穿皮靴。最特别的是他们除持有刀剑外还可以每人配备两把装饰非常漂亮的手枪。

1700年之时，彼得大帝对于这些军服进行了改造。他抛弃了俄国传统军服，将西欧军服传统引入了俄国。他根据俄国的天气特征，选择了瑞典式的长款军服，然后与其他国家一样，选择了一种颜色，即将深绿色作为俄国军队的统一标准。但由于俄国纺织工业极度不发达，早期的俄国军服织物几乎全部进口，其中一大部分都来自英国、荷兰等国。这也是为什么到1856年的克里米亚战争之前俄国与英国从没在正式战场上见面的原因之一。虽然从外国进口棉布等，但落后的织布工艺，使士兵的军服仍旧如同裹在身上的烂棉。士官的衣服还算稍好一些，但也仅仅只是比士兵的军服多了个金色的镶边而已。此时，除轻骑部队、哥萨克、雇佣军以及南方土耳其军队外，其他军团基本整齐划一。火枪兵与掷弹兵皆是头戴圆形尖帽，身穿棉衣、紧身裤，在外面套一件绿色长衫，脚蹬皮靴。

1709年，彼得大帝又根据普鲁士军装将俄国军装进行了改造，火枪即燧发枪兵头戴普鲁士卷边帽，掷弹兵头戴高角教士帽，彼得大帝的卫队也是头戴高角教士帽，不过上面要多一撮红色或白色的鸵鸟毛以示高贵。军装的红色上衣和红色马裤极力模仿普鲁士军装，他们内穿亚麻衣物，所有军队都穿有白色羊毛长袜，一般会有一个吊带束缚，且在膝关节上下用一根黑色皮带将其扎牢,脚部则为短靴。另外,军队都外套绿色长衫,长衫根据部队不同,袖口分别制成方形、三角形、圆形等形状。脖子上每人根据官阶不同,戴有不同的各色围巾,要知道俄国过去可是只有军官才能戴围巾,军服的肩带则染成黄色。开始,这种全普鲁士式的军装很受欢迎,但后来因为俄国天气寒冷并不完全适用,所以有的军团加上了裙子,并改为长靴,以抵御寒冷天气。同时,为了方便携带弹药以及食物,俄军特意设计了一个黑色或褐色的挎包,其与现代女士单肩挎包的形式基本相同,不过因为主要是装弹药的,所以要更结实。另外,挎包上还统一有代表俄国的双头鹰标志,以表示是俄国军队。

1759年俄国又一次军事改革后,士兵的服装又有了一些不同。士兵的军装皆统一为普鲁士式的军服,不再有其他特殊样式。即所有士兵外面都罩一个绿色的、长度直到膝盖的制服外套。内部统一穿着红色上衣、红色马裤与黑色皮靴。他们的军帽统一为三角帽,掷弹兵除外。在所有衣服上,都钉制黄铜扣子,而不是锡扣,以保证在寒冷天气里纽扣不会粉碎。另外军队中还加入了军乐队,即笛手与鼓手。这些人的穿着与普通士兵相同。军官的服装要比普通士兵稍好,他们的外套一般会镶金色或银色的边,上衣也是如此。以示区别。

军 队 的 构 成

总体上来说,俄国在19世纪全面现代化之前,即使是18世纪彼得大帝改革后的100年间,因为对外交流较少,且文化与经济停滞不前,造成军队虽然庞大,但是战斗力却非常差。往往杀敌1人要己方死伤2~3人,面对普鲁士等战斗力强的军队,甚至死伤更大。据说在当时,火枪兵与骑兵只能由贵族来担任,而贵族很多都没有训练就上战场,其中又有很大部分是贪生怕死的。他们上战场时往往不知道手枪的用法,眼见对方士兵杀过来却不知道如何抵抗。而作为步兵与弓兵的士兵们眼见如此，更是上行下效。经管近代史上俄国名将辈出，但处处都是开小差的士兵，让原本就战斗力不强的俄国人雪上加霜。俄国在17世纪中叶之前，一直保持着在战时才会征召军队，而闲时军队会被悉数放回家中。战争前该做什么还做什么，比如贵族仍旧是贵族、铁匠仍旧是铁匠、木匠仍旧是木匠……

15世纪末，俄国结束了各方面的威胁。对于一刻不得安宁的俄国人来说，迫切需要更多的军队进行扩张。从伊凡雷帝到米哈伊尔一世，一直都是采用战时征兵，闲时放回的办法。而贵族、农民、流民、手工业者全部都是征兵对象。16世纪末到17世纪初，它们开始采用瑞典和普鲁士的军队组织，他们将团这个编制引入到俄军之中，同时废除了原有的拜占庭式的百人队。每个团配备8个连，每个连有120名火枪手、80名长矛手和22名各级军官及鼓手、军医、翻译等杂务人员。

针对俄军战斗力极低的问题，米哈伊尔一世想出了办法。1632年，俄军开始出现外国军官，他们大部分是刚刚经历过三十年战争的亲历者。这些人的主要目的就是教会俄国士兵们如何打仗。1649年，俄军出现了一支边防常备军，成为除了斯特尔茨军团外的另一支常备军。该军团由18 000人组成，用以保护俄国西北部边境，来源再也不是过去的流民和农民等。这些士兵从每个乡村按具体人数分别征到，这些兵员包括自由民、农民甚至是过去没有任何权利的农奴。此时，对于征兵的要求是每25户人家中要出一名士兵，不久后则提高到每20户人家中出一名士兵。而且，士兵必须是纯粹的俄国人才行。可是，这个军团的高级士官几乎是清一色的刚从三十年战争中退下来的外籍军官，而俄国人只能当低一些官阶的低级士官。

与此同时，1550年伊凡雷帝建立的斯特尔茨火枪兵军团（射击军）也成为常备军的一部分。这个常备军的好处就是可以终身领兵饷，加入后就绝对不会变成农奴，而且在退伍后还能得到一块上好的地。与此相对应，1631年，斯特尔茨军团仅有3 000多名士兵，但到了1681年军团却飙升到60 000人。结果，这个军团反倒成了真正的隐患，就像奥斯曼的军团一样，最终一场叛乱使彼得大帝于1698年抛弃了这个军团。

当这些征兵方式和征兵正规化后,俄国的军队人数与日俱增。从 1631 年的仅有 12 个常备兵团发展到 1681 年的有 38～41 个常备兵团。这一年,俄军部队为 164 600 人。已超过了普鲁士和瑞典军队兵员的总和。

也基本在 17 世纪末,外国雇佣兵基本退出了俄国。虽然在俄军刚起步时期,外国雇佣兵对俄军的正规化和军事化起到了不可磨灭的作用,但到了 17 世纪中叶,随着战争的扩大,他们的不可靠也逐渐显现出来。特别是在里加战役中,外籍雇佣兵甚至是外籍军官叛变的相当多,逐渐使俄国沙皇对其产生了不信任感。1696 年,外国人被严禁进入俄军,仅剩下不到 1 000 名外籍雇佣兵还在俄军服役。

17 世纪末,彼得大帝成为俄国沙皇。他对于俄国的落后与军队的战斗力极差问题非常苦恼,因此便在两年时间内化装到了西欧各国,学习西欧的先进技术和军事。他很喜欢瑞典的军队建制与军事方式,因此便希望能在俄国也仿造一个近似的新式军队。恰好,他刚回到俄国就遇到了斯特尔茨军团的叛乱。因此,建立一个新式军队便成为他在位期间最主要的事情。这次改革开始于 1698 年,结束于 1716 年。

在消灭斯特尔茨军团后,莫斯科军队产生了数万人的空缺。因此彼得大帝要求各地乡村征兵,这次征兵和以前一样,也是 20 户人家出一名士兵。不过,该士兵参军后即可得到国家给予的每年 11 卢布的津贴,以及面粉、葡萄酒等,最主要可以在首都莫斯科服役。如此优厚的待遇,使征兵的工作一个月就完成了。这次征兵彼得大帝一共征集到 32 000 名士兵,在经过 3 个月的训练后,这批士兵成为新式军队,被调到各个军团之中。

在之后瑞典、波兰以及普鲁士的争雄中,彼得大帝积极调动这些士兵的活力与战斗力,使这些新兵都起到了极其优秀的作用,一举改变了俄国在 17 世纪上半叶之前的战斗力极低问题。

1698 年,彼得大帝将普通军团都下发了燧发枪,基本达到半数兵员都可以使用。而且他进一步设置军团情况,即将每个团下辖两个营,营下为 3～5 个连,普列奥捷拉夫斯基警卫团为下辖 4 个营,其他诸警卫团皆为下辖3个营。每个团都由一名上校指挥,而这名上校绝大多数情况下都是外籍军官;中校和少校则是营的负责人,他们基本都是俄国人,是要求作为未来的军团指挥向外籍军官学习的。到1704年,团开始扩大,并取消了长矛兵以及刀兵,几乎清一色为燧发枪兵。此时,每个团由4个燧发枪兵营与1个掷弹兵营组成,炮兵营例外。后来,彼得大帝又进行了更详细的改革,但基本就是将团具体化,因为在团之上的实际单位还不存在与俄国军队之中。

整个17世纪,俄国的高级军官一直由外国人,特别是日耳曼人把持,对于斯拉夫人占绝大多数的俄国来说,下级与上级顶牛的问题经常发生。可是建造一支近代化军队,没有擅长作战的军官又是绝对不行的。所以对于俄国本土军官不足的问题,彼得大帝的解决之道便是送一些比较合适的人去留学。在大北方战争后期和结束后,俄国军官逐渐增多,有了超过外籍军官的势头。

彼得大帝即位时,俄军数量为171 231人,而且几乎全部都是新式近代兵种。到彼得大帝去世时,俄军士兵已达至少340 000人,等于是增加了一倍。这些士兵被分在2个警卫团、5个掷弹兵团、49个火枪兵团、49个驻防兵团、30个龙骑兵团、4个驻防骑兵团、大量工程兵团与车辆兵团以及哥萨克骑兵之中。此时的俄国已经拥有欧洲最大的军事力量。

在几位沙皇的努力下,俄国军队一方面继续扩充兵员,另一方面则是无休止改革。七年战争时的1757年,俄国军队扩充为400 000名士兵的正规军,其他还有不计其数的哥萨克与其他兵种。他们分别为20 000名警卫团卫兵、15 000名掷弹兵、145 000名火枪步兵、43 000名骑兵、13 000名炮兵与工程师兵、75 000名各地驻军民兵、27 000名乌克兰民兵(俄土战争时期常备军)、110 000名哥萨克骑兵。

战 例 与 战 术

虽然有如此多的军队,但俄国的作战能力还是很落后的,这在

1758年与普鲁士的措恩多夫战役中特别显现出来。在这场战争中俄军伤亡2.3万人,普军伤亡1.4万人。俄军也发现了自身的大量问题,如进攻时不能统一协作、后方补给线路过长、只有夏秋可以打仗,冬春无法组织有效战争等。

所以在1759年,俄国军队进行了一次改革。这次改革第一个就是取消了单独的运输部队,然后将每个团的第三营作为该团的运输部队。其次是工程兵的改变,增加了一支工兵队,能够在军队行军途中解决各种疑难问题,而不再需要军队自己解决,提高了行军速度和效率。第三个就是炮兵的变化,本来过去俄国的炮兵都是数个人运送一门大炮,现在使用野战炮即舒瓦洛夫榴弹炮并用驴车拉动,节省人力,两个人就能完成以前数个人才能完成的所有任务。最后一个便是火枪兵的变化,他们不再只作为散兵,而是被组织起来形成完整的方阵,同时还有14 000人被调出作为炮兵与其他兵种的护卫队。当然,对于俄国最重要的哥萨克骑兵也进行了改革,即将其过去那种人见人恨的状态改为比较正规的骑兵部队。他们要听从上级指挥官的命令,不再因为抢夺战利品而毫无组织纪律。1760年,俄军凭借这次改革的成果首次攻进柏林,令普鲁士为之一惊。此后,俄军凭借着这支军队又在俄土战争中取得了不凡的战绩。

1812年,军的单位被引入俄军之中,俄军将原有的团编成师甚至是军,以适合后期的大兵团作战。

陆地战

1721年建立的俄罗斯帝国在近代史上是一个举足轻重的国家,曾长期作为欧洲宪兵,并位居欧洲五大国之一。在它的历史上参加过的最大规模战争有两个,一个是俄土战争,另一个是拿破仑战争。而这两个战争中最高潮一定是拿破仑入侵俄国这一战。

1812年,拿破仑占领了意大利、德意志、西班牙的大部,并打败了普鲁士与奥地利,西欧只剩下一个宿敌英国尚未消灭。为了消灭英国,法国封锁了英国与欧洲大陆的海上交通,企图将其困死。可是,俄国出于自身的考虑，不愿法国一家独大，因此退出了与法国的联盟，开始帮助英国运输物资以牵制法国。

拿破仑对俄国的做法怒不可遏，便准备发动进攻，一举消灭俄国。因此拿破仑联合各盟国，总共召集到 685 000 人，其中 300 000 名法国人，其他都为外籍士兵进攻俄国。而且，为了后勤保障，拿破仑还在进攻前 1 个月在俄国边境建立了 9 座兵站，每座兵站都有充足的粮草储存，以备不时之需。俄国相应地也发现了法国的企图，便将驻守在西部边境的军队悉数调来，共 198 250 人。后又从刚结束俄土战争的巴尔干以及高加索战场调来 200 000 人，与法军决战。到法军撤退时，俄军已经有 900 000 之众。

对拿破仑来说，还是希望与俄国进行几次决战，然后将俄国主力打垮，如此即使不能占领俄国，至少也令俄国俯首称臣。因此他定下了 3 个月内消灭俄国的计划，并将军队划分为两个梯队。第一梯队共 40 余万人，由拿破仑、欧仁·德·博阿尔内将军以及热罗姆·波拿巴指挥。他们的目标是分割并吃掉俄国西线的三大主力集团军。第二梯队近 20 万人，部署在维斯瓦河至奥得河之间，作为后援部队。

俄国军队将原有的三大集团军集合起来，其中第一、二集团军十余万人你由米哈伊尔·波格丹诺维奇·巴克莱·德·托利将军与巴格拉季昂将军指挥，他们负责保卫圣彼得堡与莫斯科。第三集团军数万人由亚历山大·彼得罗维奇·托尔马索夫将军指挥，他负责掩护基辅。另外还有一些散兵在附近游荡。

1812 年 6 月 24 日，拿破仑不宣而战，率大军从东普鲁士突然进入俄国境内。俄国沙皇亚历山大一世希望能和平解决，送信给拿破仑。可是拿破仑决心已定，俄国军队只好准备迎敌。不久，拿破仑指挥的法军遇到俄军主力，拿破仑的 45 万军队携带着 1146 门大炮很快便将 15 万俄国士兵打退。法军得以长驱直入，俄军只得向后撤退。随后，巴克莱·德·托利将军曾多次试图建立防线，但最终都被法军的快速行军一一打破。

6 月 28 日，拿破仑进入立陶宛的维尔纽斯，在与俄军简单的火力交锋，俄军再次后退。这场战争并未给法国军队带来麻烦，但是法国人却第一次与俄国的土地与天气战斗。在泥泞的土地上不少人中暑,而后备给养也开始因为路不好走而缓慢下来。不过,拿破仑的优秀指挥还是令法国军队在7月8日占领了明斯克。这时,法国军队的死伤还在增加,大部分是由于水土不服以及开小差而造成的。为了稳定军心,拿破仑在7月底宣布军队可以休整7~8天。

趁此机会,俄军在俄国沙皇的要求下进入战略反攻。可是因为两大集团军指挥巴克莱·德·托利将军与巴格拉季昂将军意见分歧很大,结果本应给法国一些教训的斯摩棱斯克战役成了大溃败,法军颇有将俄军第一、二集团军吃掉的危险。巴克莱·德·托利将军继续下令撤退,可是因为撤得过快,将许多不应失去的战略目标直接拱手让给了法国人。

对于巴克莱·德·托利将军的"不抵抗政策",迫于各方压力,沙皇亚历山大一世临阵换帅,任命巴尔干援军米哈伊尔·库图佐夫将军为总指挥,撤掉巴克莱·德·托利将军的职务。8月29日,库图佐夫抵达部队就职,在距离莫斯科约125公里处建立了防御阵地。他在博罗金诺村旁选了一片非常适合防守的土地,从9月3日起加强防御工事。9月7日俄军退到莫斯科郊区,在博罗季诺村附近同拿破仑一世军队进行决战。

库图佐夫在接管整个俄军的时候,其实并不被大家看好。不过,在军队中却因为他的俄国血统身份,被德国军官充斥的俄军士兵看作大救星。正因为这个原因,他的命令比巴克莱·德·托利能更有效地执行,也就使已经快要撑不住的俄军重新焕发了生机。

8月30日,俄军撤退至格夏特斯克。在离莫斯科125公里处的斯摩棱斯克公路南面,毗邻舍瓦尔金诺的一座小山丘上,库图佐夫命令筑起了一个五角形防御工事,名为舍瓦尔金诺多面堡。库图佐夫突然发现俄军的左翼并不完整,很可能会被法军击溃,正当他准备增援之时,法军却早已到达。

9月4日,科诺瓦尼提茨率领的俄军与若阿尚·缪拉率领的法军在舍瓦尔金诺相遇,两军主要以骑兵接战。很快,俄军右翼受到威胁,只好撤入科罗尔基修道院避难。第二天,战斗继续。法国的欧仁·博阿尔内亲王所率领第四军赶来，强大的法军继续推进。看到取胜无望的科诺瓦尼提茨下令撤退，退到舍瓦尔金诺多面堡内。紧接着，这里又发生了一场激战。缪拉带领南索蒂的第一骑兵队和蒙布隆的第二骑兵队，以及支援他的达武的第一步兵师从西面进攻多面堡。同时约瑟夫·波尼亚特夫斯基的步兵也从南面向多面堡发起进攻。尽管科诺瓦尼提茨多次要求撤退，但士兵们都不愿意撤退，直到库图佐夫下令撤退后才悻悻地撤走。这次战斗法军损伤 4 000～5 000 人，俄军损伤 6 000 人，最终以法国人占领堡垒结束。

同时，因为法军的进攻，在多面堡附近防御的俄军左翼完全崩溃，因此只好全军向东撤退。在乌季扎村，俄军停了下来，重新修筑防御工事来抵御法军。从莫斯科河支流科洛恰河河岸一直到乌季扎村，俄军部署了大量不相连的防御工事。其中，最薄弱的左翼和中间都放置在了浓密的森里之中，这对俄军来说是个利好消息。他们一字排开，寄希望于将法军控制在此地，不会再威胁到莫斯科。而法军则已经全面控制多面堡，在那里，他们架起了 19 门 12 磅的加农炮，正好对着俄军阵地。

库图佐夫打算从博罗金诺的北部跨越科洛恰河去攻击法军的左翼，然后从后方包抄法军本部。这解释了为什么最具攻击力的第一军被派至已经够强大的右面。巴格拉基昂率领的第二军预计是要守住脆弱的左面，但不得不让他的左翼暴露在敌人的炮火之下。尽管元帅的部下不断请求重新部属军队，但是库图佐夫并不因此改变他原本的计划。因此，当俄军的战斗从攻击性质转变成防御性质的时候，早先驻扎在右面的众多火炮根本无法发挥应有的实力。反观法军，它的火炮部队恰恰是赢得战斗的关键。

或许拿破仑不能完全适应俄国的天气，在俄国期间他常常会病倒，从而影响了他卓越军事天才的判断力。虽然在战斗打响前，达武元帅一直希望他可以从俄军相对较弱的左翼包抄，各个击破。但是拿破仑仍旧相信，从正面进攻就能将俄军打得七零八落。接着，拿破仑命令波尼亚特夫斯基亲王和他相对较弱的第五军去攻击左翼，剩下的人集体对俄军发动正面进攻。在他们的对面，就是库图佐夫刚刚建好的三个防御工事——凸角堡。

9月7日是整个拿破仑战争中最血腥的一天。早晨6点,法军的102门大炮一齐发射,将无数炮弹散落到俄军阵地上。之后,达武元帅命令康庞进攻最南方的一个凸角堡,和让德萨耶在部队的左翼列队。没想到的是正当康庞率领军队从南边的森林中出来之时,恰好碰到严阵以待的俄军大炮。见到法军,俄军立即开炮,结果法军损失惨重,康庞和德萨耶也双双负伤。

达武元帅见状,便亲自率领精锐的五十七旅向前突进,希望能挽回一开始的颓势。但是不幸的是,他的坐骑竟然被俄军榴弹射中,摔下马来。当时在场的各位都认为达武元帅已经阵亡,不过当瑞普将军到达阵前,想接替他时,却发现他还活着,跨上另外一匹战马继续往前冲。这次的骑兵猛攻令法军士气大振,俄军被法军士气与火力压迫得只好放弃了三个凸角堡后撤。7点半,达武元帅占领了三个凸角堡。

俄军的前方工事已经瓦解,为了夺回阵地,俄国的巴格拉基昂亲王发动了一次反攻,可还没到达工事前,就被法军米歇尔·内伊元帅的第二十四团给瓦解掉了。愤怒的巴格拉基昂亲王马上向德托利求援,希望派兵来夺回阵地。德托利接受了他的请求,用最快的速度传令下去,要求6个防卫团、8个掷弹兵营、24门12磅炮火速去支援前线。可惜这支军队还未到达前线,即被法军消灭,只有少部分人加入了巴格拉基昂亲王的军队。

接着,法军也发动了一次冲锋,希望能从侧翼将巴格拉基昂亲王的军队消灭,可是也被俄军的胸甲骑兵所打散,所以只好悻悻退回。

一时间,在战场上浓烟滚滚,法军和俄军已经互相看不见对方,士兵们有时拿起枪射击都不知道前方站的是谁,等到离近才能清楚,可这时对方也发现了自己,马上就会陷入一场肉搏战。而且,在冲锋中,从地方阵地倾泻而来的炮弹与子弹也重重地打在他们身上,早已分不清谁是谁了。特别是在凸角堡附近,一层层的尸体已经将道路塞满,如果想通过,就必须踩着尸体通过,甚至有的时候尸体堆都成了射击的阵地。

11点半,法军占领了俄军的所有阵地。法军统帅在浓烟中根本看不见俄军的行动,误以为俄军正在全线顶上。这是,法军左翼竟然出现了一群俄国骑兵,这群骑兵其实主要是由哥萨克组成,战斗力并不强。但法军发现后,立即令火炮在凸角堡展开火炮攻势,将俄军又一次压了下去。

骑兵败退后,法军再次集中到俄军的中心战队的大堡垒上。这时俄军的中部军队已经恢复阵形,又一次和法军形成对面相持的态势。拿破仑见状,令欧仁亲王第四军再次进攻进攻俄军工事。作为后援,170门大炮被推到前方,掩护亲王的进攻。

下午两点,法军大炮再次向俄军阵地一齐开炮,欧仁亲王的军队也到达俄军阵地附近的山谷附近,等待时机。几分钟后,连续的火炮攻击将俄军阵地炸开了一个缺口,欧仁亲王立即率领军队从这个缺口突入,俄军乱作一团。然后,法军吹响了冲锋号角,大军全线压上,俄军也赶忙增援。可是俄军因为部署不当,被法军骑兵冲得到处都是口子。在近1小时的战斗后,俄军大堡垒完全被攻破,堡垒内满是尸体,法军的三色旗从堡垒升起。

最后一个强大的防御工事被法军占领,俄军只好暂时撤退。虽然法军发现后,马上追踪上去,但却因为俄军人数众多,无法一举全歼俄军。而俄军在这时也稳住了阵脚,他们排成整齐的队列向大堡垒进发,尽管法军用火枪扫射,但俄军仍然继续前进。没办法,法军调来了几乎所有的火炮,将俄军一大片一大片地轰击倒毙时,俄军才停止了进攻。随后,俄军炮兵又快速跟上,向着法军阵地猛烈轰击。

晚上,两军收兵。库图佐夫与众将商议表示要全线撤退,直接抛下近4万名死伤人员,向着莫斯科后撤。法军其实也不想第二天再战了,当他们看到俄军后撤的信号后,尽管希望追击,但因为也损失了3万人,没有力量再做这件事了。

在这场战斗中,法军因为具有卓越的指挥,且骑兵英勇冲锋所以取得了的胜利,但因为损失过大,造成未来在俄国的战斗并不是非常顺利,特别是俄国的冬天提前来到,法军竟然将一场大胜转变成了大败。俄军则在这场战斗中保存了实力,在随后的战争中尽管还是经常失利,不过随着时间的推移,俄军人数越来越多,直到增加到 90 万人。在 11 月的克拉斯尼战役中一举将法军打败,法军冻饿而逃。一场原本在拿破仑眼里完美的胜利,却落下了如此一个败局。而这以后,法军节节败退,最终在滑铁卢被威灵顿公爵一举干掉。

水战

正如前面所说,彼得大帝死后,俄国的海上舰队就开始逐渐没落了。但在七年战争时期,俄国在战争中得到了一些其他盟国的帮助,舰队又重新建立起来。特别是到了 1770 年前后,俄国得到了英国的帮助,划桨船大部分转变为帆船。在俄土战争期间,俄国将该舰队使用在战争之中。在第五次俄土战争中,俄国利用新建造的战舰纵横黑海与爱琴海。甚至到后来,俄国的舰队竟然经常从波罗的海驶往地中海,其目的就是彻底将奥斯曼土耳其占领的黑海沿岸全部占领。第六次俄土战争中,俄国的黑海舰队成为克里木半岛相关战役中的主角,俄国的军事力量从此令世界为之一惊。

不过,俄国最重要的敌人其实并不是奥斯曼土耳其帝国,而是北方强敌瑞典。1788 年,瑞典趁俄国全部兵力部署在南方之际,发动了俄瑞战争。1789 年,瑞典舰队进入波罗的海,本想一举攻破圣彼得堡,但是却受到俄国舰队的阻挠,结果一败涂地。这是因为当时瑞典的军舰为了能放置更多的大炮而故意造得吃水线较高,而且为了适应波罗的海的淡水环境,还特意将风帆船与划桨船结合,建立了特殊的风帆划桨船舰队。可是面对已经拥有纯风帆船和划桨船的俄国舰队来说,却遇到了克星,特别是在海峡较多的圣彼得堡附近,瑞典舰队根本无力将自己的军队运输到那里。

1790 年夏季,瑞典的古斯塔夫三世带着弟弟查理公爵率领大量战舰进入波罗的海地区。这些战列舰共载有 1680 门大炮,他们的目的是要攻取在波罗的海东岸的俄军冬季海港。该海港在今天爱沙尼亚北部的威姆斯半岛,有一块长陆地伸出,形成一个半岛。这里三面环海,正好是一个天然的港口。而它正好扼守着圣彼得堡进入波罗的海的通道,所以战略位置非常重要。

5月13日,查理公爵的30艘战舰到达威姆斯半岛附近。守卫的俄军将领齐恰戈夫发现后立即将拥有的9艘护卫舰先组成了一个星形阵形,旁边有一些小型战舰保护,做出了防守态势。待瑞典舰队接近后,他们又分为三排,第一排为9艘护卫舰,第二排为4艘小型护卫舰,第三排则为7艘小艇。船上载有俄国最新制造的3种舰载大炮,火力也很猛烈。

对于俄国的防守,查理公爵的舰队也组成了三排阵形向前推进。其第一排为22艘战列舰,第二排为4艘护卫舰,第三排为4艘小型舰艇。他们在快要接近俄军港口时突然横向转向,纷纷射出炮弹。可是当天有风,瑞典舰队射出的炮弹几乎全部跑偏,都落在了港口附近的海中。正在这时,查理公爵的一艘战列舰竟然出了故障,顺风漂到俄国人的火力范围之中,被在海港内停泊的俄国军舰射中,损失惨重。另一艘瑞典指挥船乌拉菲尔逊号战舰见势接替了卡尔公爵的位置,继续进攻。可是令人惊讶的是这艘战舰也在随后的战斗中被俄军击中,瑞典军在没有指挥的情况下大败而去。而在后面跟随的十余艘战舰竟然未开一枪一炮就逃跑了。

在这场战役中,俄军利用英国技术新制造的战舰大获全胜,死伤仅有35人,瑞典人的死伤则达到130人,另外还有250人被俘虏。战争中,查理公爵虽然很勇猛,但是却过于鲁莽,在风向对自己不利的情况下竟然还继续猛冲,最终令瑞典舰队遭受了不该有的失败。而俄军则使用稳扎稳打战术。他们利用英国的舰艇制造技术,一直等到瑞典舰对到达火力范围之内才开火,而且将两艘瑞典军舰打沉。可见指挥官齐恰戈夫对于海军战术的灵活运用。

不过,俄军的这次胜利并不持久,不久后松德海战爆发,俄军也犯了和查理公爵同样的错误,一样损失惨重。

第十二章　美国独立战争火器兵

16世纪，正当西班牙与葡萄牙用尽自己的一切力量在中美洲和南美洲征服之时，英法等国也开始了对北美洲的探险。最开始，他们都在靠近北美东海岸的地区进行探险，后来则逐渐扩张到整个北美洲。这时，曾有些人冒险到大西洋西岸建立殖民地，但是因为英法战争等原因，没有得到任何补给品而突然消失，给人们留下了一个千古之谜。

17世纪初，北美大陆成为英国清教徒们眼中的"希望之乡"，他们纷纷来到北美，希望在这里逃脱英王的干涉，建立一个新的家园。最初的一批人是乘着船从英国来的，他们花了7年的时间，从种植烟草以及与邻近的印第安部落合作开始，建立了早期的欧式小村落。1620年，著名的"五月花号"的到来，将英国殖民北美的风潮开启。他们102人首先起草了《五月花号公约》，然后根据起航地点建立了一个名为普利茅斯的殖民地，从此定居下来。

到达"希望之乡"成功的消息不久就传到了英国，一批批的英国清教徒开始了"大迁移"或者就是"大逃亡"。到1636年，总共建立了5个殖民地。最初，他们还能与印第安土著和睦相处，但不久后便因为领地问题开始争斗不休。英王看到有利可图，便将北美的"无主地"授给一些公司或个人，由此又建立了一些新的殖民地。之后的100年间，英国总共在北美建立了13个殖民地。

与英国针锋相对的法国也不甘示弱，他们积极在加拿大进行扩张，建立了新法兰西，并且深入到北美中部的路易斯安那建立了一些法国的殖民地。不过，在1713年的西班牙王位继承战争中法国失败，将加拿大部分土地割让给了英国。此后又在七年战争中输掉了几乎所有加拿大的土地,至此英国成为北美洲的头号霸主。

七年战争后,英国的13个殖民地虽然名义上继续归属英国,但移民们因为经济实力的增强,另外也出生在美洲,使他们与英国母邦的联系日益微弱。当乔治三世希望增加他们的税收时,这些人终于爆发了。从偷运酒品到波士顿倾茶事件,让他们的隔阂越来越深,直到1775年,美国独立战争爆发,一个新的国家出现在世界舞台上。

武 器 与 装 备

1600年后,英国与法国开始冲破西班牙的封锁,到北美土地上寻找新的生活、创造和开拓新的土地。他们最早是小型组织,后来则逐渐变成大型的拖家带口的整体移民。人口的增多带来了问题,本来以前的人都是按照各自的圈子分化,各自遵守各自的规定。但到了18世纪,各色人的碰撞加剧,不得已一些地方的有头脸的人开始组织起了民兵,以保护治下的民众。从此,北美13州出现。对此,英国的乔治国王表示可以从英国征调部分士兵,以保卫殖民地的安全。实际上,这些人组织民兵的更重要原因是与法国人对抗以及劫掠当地的印第安人。从18世纪初到七年战争之前,法国与西班牙的殖民地恰好将英国的13州土地围在中间,只要英国人向着两国的殖民地扩张就会受到攻击,因此英国人只好将扩张的矛头指向邻近的印第安部落,有时劫掠有时贸易,以保证殖民地的有序前进。

到18世纪中期,各州纷纷有了法律规定,规定各州使用各州统一的武器与制服。七年战争后,他们统一合并为大陆军统一武器与制服。1775年7月,在大陆会议上,华盛顿要求各州统一制服,要求每个参加大陆军的士兵都要有一支燧发枪连同一把刺刀、一柄战斧、一把近战小刀、一个弹药箱、2磅火药等。为此,军需官在两个月的时间内,几乎把所有的东西都准备就绪。这些制服完全脱胎于英国式的军队制服,唯一的不同就是相对于穿着红色军服的英国人,他们使用的是蓝色军服。

而且，华盛顿等人认为既然是独立战争，那就应该与英国军服有些不同，所以他们采用了普鲁士军服与英国军服的混合种。他们采用普鲁士式的两角帽，而不是英国式的三角帽；制服的款式则几乎与英国人相同，不过使用的是大翻领的大衣，而不是小翻领的英国式大衣。其他则基本相同。比如华盛顿的军服就是头戴两角帽，身着蓝色翻领大衣内罩米黄色衬衫与裤子，脚蹬黑色皮靴。当然，大陆军也有少许的特殊制服，比如北方邻近法国殖民地的地区使用的就是法式军装，即蓝色上衣配红色法式灯笼裤。

摩根步枪团是美军中一个著名而成功的火枪兵团。他们是由印第安战士丹尼尔·摩根索带领，来自西弗吉尼亚地区的部队。他们的穿着是白色公羊皮制服，使用的是肯塔基来复枪。这种来复枪的长度要长于英军常用的滑膛枪，射击距离约为英军枪支的 3 倍之多，而且精准度也超过英军枪支。不过它唯一的缺点就是装弹速度过慢，而且在装弹的过程中还必须用通条使劲地将子弹放入正确位置，费时费力。除此之外该枪还不能装配刺刀，平常进攻时，军队只能使用战斧或近战小刀，在肉搏战时非常不利。不过，该兵团因为比较勇猛，所以在战斗中还是发挥了比较优秀的作用。

另一个著名的军队是龙骑兵。在美洲的广大土地上，与欧洲那种遍地丘陵的地形不同，很多地方都是平原，所以需要骑兵具有相当大的机动性，因此在独立战争初期，华盛顿曾经组建了很多龙骑兵部队，他们分别为：第一龙骑兵团，1777 年 4 月 13 日建立；第二龙骑兵团，与第一龙骑兵团同时；第三龙骑兵团，1777 年 9 月建立；第四龙骑兵团，建立时间不清。他们头戴轻型头盔，该头盔可以抵挡敌人的马刀，同时也能抵御在马匹快速飞奔时挂到的树枝。身着米色衣裤，外罩蓝色大衣，足蹬黑色马靴。他们拥有的武器分别为马刀、手枪与步枪。马刀是很早以前就传下来的武器，在近战时用。手枪为木质铜管燧发手枪，基本与英国的手枪相同。步枪是法国 M1763 式夏尔维步枪，可以挂在马腹之上。特别的，因为龙骑兵必须单手控制战马，所以他们也养成了单手持枪的习惯。另外，在马背上还有毛毯、饭盒、弹药盒以及燕麦饲料，可以令龙骑兵在行进途中在野外也能睡个好觉。

军队的构成

在 17 世纪，英国规定殖民地的民兵必须是在北美土地上的，16～60 岁的自由民，而奴隶则不在此列。那时候的军队都是由英国在北美的各种公司所掌握，就如同后来的东印度公司在印度行使军事权力一样。这些民兵其实是义务的，平时发给武器并不使用，只有在敌人入侵之时，他们才会拿起武器冲上前线来保卫家园。所以这些人往往都是并没有经过多少训练的士兵，他们的战斗力并不高。而且，还有一个重大的问题，就是在 17—18 世纪的北美地区只能白人入伍，而根本不许可黑人入伍。即使有些黑人自由民，也经常被歧视，可以说黑人士兵的数量凤毛麟角。

一直到独立战争前，美国大陆军的军队也都是由英国人的后裔参加。他们基本都是志愿兵，服役 3 年后即可退役。根据殖民地的要求，他们必须从家里携带武器和军装，否则就要花钱购买。如使用枪支，每次必须缴纳一元钱，使用毛毯则缴纳两元钱，不过如果能自带毛毯，倒能得到奖励两元钱。子弹等虽然由国家负担，但是能交到每个人手里的并不多，往往是仗还没打完，子弹就用光了。可见当时美国大陆军的窘迫。

在 1775 年，美军开始尝试将所有希望获得自由的人民全部变为征兵对象，特别是法国人的后裔的那些人。不过，这些法国人后裔好像对美国并没有多大感情，根本不愿参加美军去送死。直到后来美军将各类物品都列为国家统一发放时，法国人的后裔们才开始有兴趣参加美国大陆军。

1776 年，华盛顿成为美国大陆军总司令，他为了留住正在服役的民兵们，特意规定可以获得钱或者物质上的奖励，如果新入伍也可以得到一些奖励，以刺激美国民兵们继续将战争打下去。但是，这种募兵方式并没有得到多少白人的欢迎，往往都是一些走投无路的人才会参加他的军队。

时间继续向前推进,英国人带来了精锐雇佣兵——德国黑森军。美国人发现这些黑森军士兵其实并不是为英国人效力,而是为钱效力。所以他们也从德国大量招收雇佣兵,以扩充大陆军的实力。因此,在之后的战争中,有时竟然能看到两国交战的士兵其实都是德国人,甚至是邻居。

美军还有一个军人由来,那就是美国的黑人。其实前面已经说过,黑人受歧视,所以征兵也不会征到他们头上。但是在美国独立战争后期,大量战场需要耗费兵力,黑人便也成了美国大陆军的士兵。虽然他们在战斗中非常拼命,但到独立战争结束后,黑人又恢复成被白人们歧视的情形。这种情形一直维持到20世纪初。

战 例 与 战 术

在美国独立战争中,美国与英国的战争可谓是左手与右手的战争。英国红衣军与美国大陆军在军事建制、制服甚至是武器上几乎不相上下。唯一不同的是一边由在英国的英国人后裔领导,另一边是由在美国的英国人后裔领导。

在独立战争早期,美国人使用的是民兵战术,即散兵游勇似的战斗法。对于线性战术熟练的英国军队来说,根本就是一边倒的状况。就算是有些时候美国军队也学习英军的战术,可也是败多胜少,而这正是非正规军与正规军的根本区别。1775年6月14日,美国大陆军被组织起来,由一些经历过七年战争的普鲁士及法国军官来训练大陆军。自此,大陆军开始转防守为进攻,逐渐掌握了战场的主动权。直到萨拉托加大捷,英国军队走上了下坡路,终止了英军百战百胜的神话。

陆地战

1779年,法国、西班牙、荷兰、丹麦、俄国等国接连加入协助美国独立战争的行列,从而在世界上出现一种"群殴"英国的态势。这时候,美国的独立战争也进入到最后阶段。萨拉托加大捷后,英国人几乎丢失了整个美国北方的领土,所以他们开始转向收买南部愿意效忠英王的各州。这一招果然奏效,1778年底,佐治亚州失陷。1779年春,南卡罗来纳州失陷。对此,美国大陆军必须有一场超级胜利才能挽回败局,因此也就发生了保卢斯湾战役。

1778年,保卢斯湾是一个伸出的半岛,而不是今天新泽西州泽西城的一部分。那时候,保卢斯湾是一个伸向新泽西海岸的半岛,它的对面就是哈德逊湾与纽约城。在这个海湾上,英国人建造了一个要塞,主要目的就是俯瞰纽约城,同时据守起来能够令美国大陆军无法前进。另外,英国人还能从这里迅速登陆,然后将附近的大城市边上的农村全部控制。保卢斯湾要塞的守卫是由威廉·萨瑟兰指挥的英军第六十四团的200名官兵和200名保皇党队伍。

在这个要塞的周遭,两面都是哈德逊河,另外两面是深不可测的壕沟。这道壕沟其实是英军开挖的护城河,里面灌满了从哈德逊河引来的河水。在护城河边是两道门,门外由可以随时吊起的吊桥连接外面的世界。在吊桥的尾部还被英军建立了大量高耸的栅栏,栅栏前面是用铁丝网组成的防挡。铁丝网防挡后面有一道深沟,沟里是英军的3个野战炮兵排,可以随时出动进行攻击。在要塞四周还分布着大量炮台与瞭望哨,日夜都有人值班。如此严密的要塞要想攻下来可谓是美国大陆军的最大难题。

这时已经到了美国独立战争的尾声,可是在北美13州的土地上仍旧有大量的飞地未被攻下来,保卢斯湾要塞就是这样一个要塞。因此,攻下它就成为华盛顿领导的大陆军的首要任务。

指挥这次战斗的是亨利·李将军,虽然很多人对他不熟,但是提前他的儿子,美国南北战争中的李将军,恐怕大家就都知道了。在战斗打响前,艾伦·麦克莱恩上尉率领的骑兵巡逻队偷偷深入要塞获得了要塞内部的消息,并向亨利·李汇报。亨利·李感觉攻下要塞的时间终于等到了,因此要求华盛顿批准去进行对该要塞的进攻。华盛顿收到信息,同意了攻打要塞的要求,不过多加了一个要求就是在攻下后还必须防守这个要塞。

1778年8月13日夜间，亨利·李将军将自己的军队根据籍贯分为三个部队，即骑兵巡逻队、第十六弗吉尼亚连和马里连连。他们三个部队被要求从不同的路线进攻保卢斯要塞。首先，麦克莱恩率领的骑兵巡逻队出发，他们的主要目的是在部队的两边部署，不让任何敌军的巡逻兵发现而走漏消息。其他的两队则跟着亨利·李迂回前进。根据麦克莱恩的汇报，这天早些时候，英军萨瑟兰少校要求130余名士兵出要塞去附近的乡村征集军粮，要塞内的士兵数量不足，很容易被攻击。可是令人沮丧的是还有40名黑森步兵被派来，顶替了这130余人的位置。所以，亨利·李将部分部队化装成装载着辎重的运粮队伍，一步步地向要塞而来。

　　亨利·李的部队到达要塞附近的森林后，三支部队开始分别行动。但不幸的是，不久后其中的两支就迷了路，只有亨利·李率领的200余人到达了指定地点。但一条护城河却挡在了他们前面，亨利·李便要求辎重车队先向前假装成回城的运粮队，慢慢接近英国人的要塞。另一支由他率领的精锐部队则偷偷涉险通过护城河。果然，英军并没有注意到他们这些偷偷过河的军队，只将注意力完全集中在运粮队身上。

　　冒险过河的军队到了对岸突然发现一个问题，因为护城河的水足有齐胸深，所以他们的枪支、子弹等都已经受潮，根本无法使用，不得已只好等待时机再行进攻。当时亨利·李的部队所使用的枪支其实都来自英军。在1776—1777年，美国大陆军从英军手里缴获了大量滑膛枪、卡宾枪甚至是手枪，另外还有为数众多的长刀与战斧，等于到1778年，美军和英军使用的武器装备是一模一样的，就是典型的左右手互搏。与此同时，那两支在树林里迷失了方向的部队也来到了护城河边，他们随后也渡过河，加入到亨利·李的队伍之中。这时已经是凌晨3点了。

　　因为枪支弹药受潮，亨利·李的美国大陆军无法施行有效的火力进攻，因此他要求部队在枪支前面安上刺刀，强行突入要塞大门。守卫的英军见到美军的行动，立刻便明白了这是美军的偷袭，而不是自己的运粮队回来了。所以大量火枪兵跑到各个可以射击的地方，向美军密集开火。不过美军早已突入城下，到达城门，在美军的齐心协力下，城门被打开。尽管英军用强大火力堵住大门,但终究抵不住美军的士气高涨,而最重要的是这时的美军已经可以使用部分火力,强大的火力将英军压倒。从而令在打开城门的冲突中至少12名英军倒下,另有3名将领与156名士兵投降被俘。

在非常害怕的境地中,英军指挥萨瑟兰退守到要塞内部的堡垒中,因为人数较少,所以他们只能瞅准空子放冷枪。同时,他命令一些军队到堡垒后面放信号弹求援。亨利·李指导知道英军的救援就会来到,所以他加强了对英军堡垒的火力。可是,令人害怕的是太阳竟然提前升起了,美军在夜间的偷袭已经逐步被暴露在光天化日之下。亨利·李知道英军立刻就会前后夹击,自己的数百人部队根本没有取胜的可能。所以,他立即下令撤出保卢斯湾要塞。

幸亏亨利·李的命令下的早了一些,否则他正好遇到运粮回来的英军部队,这场胜利必将化为泡影。半小时后,要塞的英军会合运粮队的士兵向外追击,另一边的黑森及保皇党军队也向美军靠拢。正当亨利·李为自己部队无法冲出重围发愁时,竟然又碰到了在森林中失散的50名弗吉尼亚连的士兵,他们的武器没有任何问题,立即解决了美军只有部分火力可以攻击的问题。

在渡口附近,英军追上了美军,他们在渡口两边相互射击,渐渐地保皇党占据了上风。但令人兴奋的是美军竟然也有了援助。新泽西的美军司令亚历山大派了200人前来援助,立即令美军从人数到枪支数量上都呈压倒性多数,英军大败而归。尽管后来英军再次据守此要塞,但已经再也不敢到处去劫掠,只能依靠有限的河上运输来保存实力。在这次战役中,英军死伤200余人,美军死伤仅有5人而已。

水战

美国独立战争结束后,美国作为新出现的霸权,开始走上了对外扩张的道路。这时欧洲战场的拿破仑战争已经接近尾声,但英法两国已经因为战争弄得筋疲力尽,早已无暇去管美洲的事务,特别是美国人的事务。借着这个机会,美国人开始向西部和北部扩张。可是令美国人吃惊的是,原本美国人作为主要扩张方向的西方竟然由印第安人组成了联盟,他们在英国人的怂恿下,利用从英国得到的枪支弹药在美国西部边界挑起战端。特别是1811年,美国多次败于印第安人,令美国的西进道路彻底被封锁。而美国北方尽管地域辽阔,但是这片叫作加拿大的地方却驻扎着5 000名英国正规军、8 000名当地武装以及3 000名印第安武装。对于只有1万余大陆军的美国来说,无异于以卵击石。但是,美国从独立战争时期起,就希望将加拿大的土地据为己有,他们认为美洲是美洲人的美洲,而不是欧洲人的美洲。因此便于1776—1777年多次向加拿大进攻,可是几乎每次都是失败,特别是在海战中,几乎全军覆没,所以便打消了对加拿大的占领意图。

但到了1812年,美国的民族主义者们在国会占据了绝对多数,他们要求在英法疲弱的时候重启战端,再次占领加拿大的土地。对此,美国提出三项英国在战后不遵守的项目,以期为无端挑起战争搞个挡箭牌。这三点是:英国不遵守美国独立战争后双方1783年达成的巴黎条约:拒绝移交西部地区军事要塞,并且武装印第安人,威胁美国的西部边陲;皇家海军拦截美国商船追捕逃兵,强征美国海员入伍——这些人虽然出生于英国,但已归化为美国公民;英法之间的拿破仑战争导致的贸易禁运,使上百艘美国商船被皇家海军扣押,美国的中立国地位未被尊重。其实明眼人完全可以看得出来,这些完全就是胡扯一通,无非是为打仗打掩护。6月20日,国会批准了美国对英国开战的议案。

对于美国人的宣战,英国人完全是按照慢半拍的作风来迎合的。他们在开战后很久才终止了英国的对美贸易,并派出大量军队和军舰援助在加拿大驻守的英国军队。美国人其实也没做好打仗的准备,正如前面所说,他们只有10 000余名士兵,相比在加拿大的20 000士兵根本没有胜算,所以国会同意扩张兵员,达到35 000人。可是应征入伍的士兵绝大多数是志愿兵,他们没有打仗的经验,更没有打仗的意愿。在海上,英国人足足有97艘战舰,其中包括34艘护卫舰、11艘战列舰等。而美国人仅有22艘战舰,其中大部分都是护卫舰。由此可见,美国人可以说一开始就处于不利的状态。

不过美国人却不以为然,他们采取几百年前英国人对付西班牙的战术,即使用海盗方式偷袭英国人的舰队,在 1 年的时间里圣劳伦斯河与安大略湖地区是美军活动的中心,尽管英军多次将美军打败,但美军一直没失掉信心,而且一如既往地大量建造各类军舰。

1814 年,杰克·布朗和斯科特·温斯菲尔德将军大幅提高了美军的纪律和战斗力。他们重新发动了对尼亚加拉半岛的进攻,并迅速夺取了伊利湖要塞。7 月 5 日,斯科特·温斯菲尔德将军在奇帕瓦战役中取得了决定性胜利,但美军的进一步军事行动受挫。英军反击,并保卫了伊利湖要塞。由于补给困难,美军被迫撤离尼亚加拉半岛。

但后来,随着拿破仑皇帝被废黜,英国把部署在欧洲的兵力转移到美洲战场,并向美国大举进攻。但是英国已经改变了策略,试图与美国谋和。英国人的进攻遭受挫折,特别是 1814 年 9 月 11 日在尚普兰湖战役遭到惨重打击,令美国人完全控制了尚普兰湖地区。

在这一年的夏末,加拿大蒙特利尔地区的总督乔治·普雷沃斯特爵士希望进攻美国。他组织了一个由 1.2 万人组成的队伍,准备从尚普兰湖借道入侵美国。但是,现在最重要的问题是美国人正控制着尚普兰湖附近以及乔治·普雷沃斯特可能经过的所有加拿大与美国的交界处。此时,唯一的办法就是先要英国海军将美国海军击败,这样才能打开到达美国的通道。

在加拿大方面的英军舰队并不是很大,它包括双桅船红雀号,装备火炮 16 门;双桅船查布号,装备火炮 11 门;双桅船金翅雀号,其装备火炮 11 门;以及十余艘大型划艇,仅装备火炮 1 门。不过英国人正在建造他们的最新旗舰康菲昂斯号,它是一艘装备有 37 门大炮的快速帆船,可以说是尚普兰湖上体型最大、火力最强的军舰。英国人认为,只凭这一艘船就足以将整个美国舰队干掉。

在南部美国方面的舰队的配置如下:萨拉托加号海防旗舰,装配火炮 27 门;双桅船鹰号,装备火炮 20 门;纵帆船提康德罗加号,装备火炮 17 门;单桅小帆船普雷不尔号,装备火炮 7 门,以及十余艘大型划艇,装备火炮 1~2 门。其军队统帅为麦克多诺。

一个月后的 8 月 25 日,英军旗舰康菲昂斯号下水,英军认为准备工作已经完成,可以进攻美军舰队了。可是普雷沃斯特唯一忘记的问题是,刚下水的船只不是立刻就能服役的,必须等待一段时间试航才可以。

9月11日,尚普兰湖海战打响。当天上午,英国海军副司令乔治·唐尼上校划小舟去美国舰队附近侦察,自己的舰船则留在普拉茨堡湾外附近。他惊奇地发现,美军的舰队部署非常像1798年8月尼罗河海战中法军的部署,即将前卫军舰纵向排列,后面十余艘军舰在后面的两旁护卫。唐尼仔细研究过那场海战,他感觉美军就要像拿破仑的军队那样,在尚普兰湖折戟了。因此,他准备按照英国纳尔逊司令的打法,首先将美国舰队前方的战舰消灭,然后再集中精力攻打后面的舰船。

可惜的是,唐尼只看到了美国的舰队队形,却忘记了查看地形。尚普兰湖与尼罗河口不同,尼罗河口的岬湾很小,而且当时法军是在岬湾南面的,如果想向前进发,就必须绕过岬湾,这样的阵形是不得已而为之。而尚普兰湖中美军的纵向舰队在坎伯兰岬湾的北面,不需要绕行,因此可以迅速集结,而不会掉队。英国人如果想集中火力攻击美军前卫的话,就必须驶到离美军舰队很近的地方,可这样也会进入美军的火力范围。而且麦克多诺命令美军舰船安了倒缆,以便使舰掉头,改换舷侧火力。当美军发现英军已经到达普拉茨堡湾外时,立即准备迎战,也让英军不会像打败慌乱中的法军那样容易。

不过唐尼并没注意到这些,所以当他回来后,立即选择与纳尔逊相同的办法,一对一对地横排向美军舰队直冲过去。旗舰康菲昂斯号的桅杆上张满了帆,利用从北面来的风,直往南面而去。但是因为这艘旗舰跑得太快,一下子就进入了美军的火力范围。康菲昂斯竟然到了萨拉托加号右面。就像上了钩的鱼不会放跑一样,萨拉托加号马上转船从右舷射击,一下子将康菲昂斯号的桅杆打裂了。康菲昂斯号也同时向萨拉托加号发炮,一阵扫射将萨拉托加号上的40名水兵打倒。可是当萨拉托加号再次发射火炮时,竟然真的炸断了桅杆,桅杆正好将唐尼压死,英军战舰立即陷入了混乱之中。小艇纷纷接近实行近战,"查布"号投降。因无风而不能航行的"金翅雀"号漂到了南面。被英国大划艇打残了的"普雷布尔"号躲到了麦库姆的炮群掩护之下。"提康德罗加"

号加入了大划艇战斗。

与此同时,普雷沃斯特将英军归拢过来,继续进行大型战舰之间的战斗。美国的鹰号处于英军康菲昂斯号与红雀号的夹击之中,两艘战舰分别从左右向鹰号开炮,不一会儿鹰号的右舷炮被悉数打坏,鹰号只好向自己舰队中央逃离。鹰号砍断绳索,在萨拉托加号军舰尾部抛锚。可是,红雀号尾追不舍,在萨拉托加号前面纵向射击鹰号,将鹰号的所有桅杆全部打断,鹰号只得如浮木般漂在水上。借此机会,萨拉托加号转向,用右舷炮火轰击红雀号,红雀号经受不住萨拉托加号的打击,不久便投降。接着,英军旗舰康菲昂斯号也接近了美军旗舰萨拉托加号。当康菲昂斯号准备旋转用侧舷轰击萨拉托加号时,没想到萨拉托加号提前转过身来,用舷炮提前攻击康菲昂斯号。康菲昂斯号立即起火,侧面也开始进水,没办法只好投降。

因为英军旗舰的投降,其他英军战舰也没了战斗士气,纷纷向美军投降,最后这场战斗以美军的全胜为结局。

这场战争中,英军损失 300 人,美军损失 200 人,尽管两军损失数量相差不太多,但是美军因为士气高昂还是取得了全面的胜利。这场战争的胜利,使美国避免了被加拿大英军进攻的可能,更重要的是缅因州不会因为英军的强大而被割让出去。总之,麦克多诺的胜利使得英国重新审思战略,因而对于和平谈判的成功作出了直接贡献。

参考书

1. ［日］十元佳史,《图说世界军服 5000 年》,东方出版社,2014.2
2. ［加］马丁·佳钦,《剑桥插图德国史》,世界知识出版社,2005.5
3. ［英］科林·琼斯,《剑桥插图法国史》,世界知识出版社,2004.8
4. ［美］杰弗里·帕克,《剑桥插图战争史》,山东画报出版社,2004.7
5. 王兆春,《世界火器史》,军事科学出版社,2007.1
6. ［英］克里斯托夫·约根森等,《图解世界战争战法：近代早期 1500—1763》,宁夏人民出版社,2008.5
7. ［美］哈休斯等,《图解世界战争战法：东方战争 1200—1860》,宁夏人民出版社,2010.6
8. ［美］罗伯特·布鲁斯等,《图解世界战争战法：拿破仑时代 1792—1815》宁夏人民出版社,2010.6
9. *Frederick the Great's Army* Osprey,1973
10. *Armies of Ivan the Terrible Russian Troops 1505–1700* Osprey,2006
11. *Late Imperial Chinese Armies 1520–1840* Osprey,1997
12. *Frederick the Great's Army* Osprey,1973
13. *The Russian Army of the Napoleonic Wars（1）Infantry* Osprey,1987
14. *Russian Army of the Napoleonic Wars（2）Cavalry* Osprey,1987
15. *Louis XIV's Army* Osprey,1988

16. *General Washington's Army（1）1775-1778* Osprey，1994
17. *General Washington's Army（2）1779-1783* Osprey，1995
18. *Russian Army of the Seven Years War（1）* Osprey，1996
19. *Russian Army of the Seven Years War（2）* Osprey，1996
20. *Armies of the Ottoman Empire 1770-1820* Osprey，1998
21. *Peter The Great's Army（1）Infantry* Osprey，1993
22. *Peter the Great's Army（2）Cavalry* Osprey，1993
23. *British Light Infanfryman Of The Seven Years' War — North America 1757-63.* Osprey，
24. *The English Civil War* Osprey，1973
25. *Armies of the Ottoman Turks 1300-1774* Osprey，1983
26. *King George's Army 1740-93（1）* Osprey，1995
27. ［英］伊恩·迪基等，《图解世界战争战法：海上战争 公元前1190年至今》，宁夏人民出版社，2012.5

图书在版编目(CIP)数据

火神咆哮——火器兵/李楠著．—上海：文汇出版社，2015.10
ISBN 978－7－5496－1575－9

Ⅰ.①火… Ⅱ.①李… Ⅲ.①火器－历史－世界－古代－通俗读物 Ⅳ.①E92－091

中国版本图书馆 CIP 数据核字(2015)第 187074 号

火神咆哮——火器兵

作　　者	李　楠
责任编辑	卫　中
特约编辑	宋　毅
封面装帧	张　晋
出版发行	文汇出版社
	上海市威海路 755 号
	（邮政编码 200041）
经　　销	全国新华书店
排　　版	南京展望文化发展有限公司
印刷装订	上海新文印刷厂
版　　次	2015 年 10 月第 1 版
印　　次	2015 年 10 月第 1 次印刷
开　　本	640×960　1/16
字　　数	180 千字
印　　张	12.25

ISBN 978－7－5496－1575－9
定　　价 / 25.00 元